语言文化视野下的翻译实践研究

王　薇◎著

北京工业大学出版社

图书在版编目（CIP）数据

语言文化视野下的翻译实践研究 / 王薇著. — 北京：北京工业大学出版社，2025.7 重印
ISBN 978-7-5639-7038-4

Ⅰ. ①语… Ⅱ. ①王… Ⅲ. ①翻译—研究— Ⅳ. ①H059

中国版本图书馆 CIP 数据核字（2019）第 237821 号

语言文化视野下的翻译实践研究

著　　者： 王　薇
责任编辑： 李倩倩
封面设计： 点墨轩阁
出版发行： 北京工业大学出版社
（北京市朝阳区平乐园 100 号　邮编：100124）
010-67391722（传真）　bgdcbs@sina.com
经销单位： 全国各地新华书店
承印单位： 三河市元兴印务有限公司
开　　本： 710 毫米 ×1000 毫米　1/16
印　　张： 13
字　　数： 260 千字
版　　次： 2021 年 10 月第 1 版
印　　次： 2025 年 7 月第 4 次印刷
标准书号： ISBN 978-7-5639-7038-4
定　　价： 45.00 元

前 言

从翻译实践来看，英语和汉语不仅在语言上存在差异，两种语言使用者在认知、思维、文化、价值观、行为等方面也存在差异，这些差异一般体现在词汇、语法、语义、语篇上，给翻译造成困难。翻译是一种跨文化、跨语言的交际活动，是一种语言和另一种语言之间的转换，但也不是简单的语言转换。翻译不仅要考虑翻译目的，也要考虑翻译效果。译者要加强英汉两种语言的文化对比研究，这样有利于减少英汉翻译实践中的障碍。

本书第一章为英语翻译的基本理论，主要阐述英语翻译的理论概述、翻译中的译者、翻译的价值研究、英语翻译的影响因素等内容；第二章为语言文化与翻译的关系，主要阐述英语翻译中的语言文化背景、语言的文化属性以及文化与翻译等内容；第三章为中西方的语言文化差异，主要阐述英汉思维方式差异、中西方文化差异、中西方生活方式差异、英汉文化移植等内容；第四章为翻译中的语境问题研究，主要阐述文化差异下翻译的语境分析、语境制约下的翻译以及语言文化关联下的翻译等内容；第五章为英汉翻译中的词句对比与特殊语言翻译，主要阐述英汉词汇的对比与翻译、英汉句式的对比与翻译以及特殊语言的翻译技巧等内容；第六章为语言文化中翻译存在其他的问题研究，主要阐述英汉辞格的翻译、翻译中的文化误读问题、中国特色文化的翻译、文化差异下的影视翻译研究、语言文化对商务翻译的影响等内容；第七章为文体翻译的实践研究，主要阐述新闻翻译、科普文翻译、政论文翻译、应用文体翻译、商务文体翻译等内容。

本书的撰写受到西安翻译学院科研团队“英语语言服务与区域经济协同发展研究团队”的资助，科研团队编号为 XFU17KYTDC09。

为了确保研究内容的丰富性和多样性，笔者在写作过程中参考了大量理论与研究文献，在此向涉及的专家学者们表示衷心的感谢。最后，限于作者水平，加之时间仓促，本书难免存在一些疏漏，恳请同行专家和读者朋友批评指正！

目 录

第一章　英语翻译的基本理论

在全球化迅速发展的背景之下，英语翻译活动的重要作用越来越凸显出来。作为英语翻译发展的基础，其基本理论一直是英语学者所重视的课题，同时它对英语翻译的实践研究也起着非常重要的作用。本章笔者将就英语翻译的基本理论进行详细的探讨，共分为英语翻译的理论概述、翻译中的译者、翻译的价值研究、英语翻译的影响因素四部分。

第一节　英语翻译的理论概述

一、翻译的定义

何谓翻译？简而言之即“换易言语使相解也”，就是用一种文字将另一种文字的意思呈现出来。

自人类沟通交流伊始，翻译活动就相伴相随。中国有文字记载的翻译活动始于公元前 1 世纪《越人歌》的翻译，西方最早的翻译是公元前 3 世纪《圣经》的翻译。在漫长的两千多年的翻译历史长河中，古今中外的翻译名家从不同角度对“翻译”进行了界定和阐释，反映出不同阶段人们对翻译实践活动的认识。

最初，译者多用比喻的方式概括自己对翻译的理解，认为翻译“如翻锦绣，两面俱华，但左右不同耳”。也有人说翻译是桥梁和渠道，使原作者的思想与读者的思想得以沟通。

后来，学者们开始从语言学角度界定翻译。美国学者奈达认为“所谓翻译，是指首先在意义上，其次在风格上，用自然流畅的译语再现与源语信息最相当的对应信息”。我国当代著名翻译家张培基则认为“翻译是运用一种语言（即译语 target language）把另一种语言（即源语 source language）所表达的思维内容准确而完整地重新表达出来的语言活动”。随着翻译实践活动的多元发展和人们对翻译认识的深化，学者们发现翻译不仅是一种涉及两种语言符号对应关系的技巧和能力，还是一种需要融合多种学科才能产生上乘译作的技艺，包括语言学、文化人类学、心理学和交际学等。

翻译定义的衍变反映了翻译实践活动的动态变化，并指导着翻译实践。语言学视角下的翻译定义从实用的角度科学地揭示了翻译的本质特征：翻译就是把一种语言文字（源语）所表达的意义完整、准确地用另一种语言文字（译语）表达出来，是一种比较性的跨语言、跨文化、跨时间、跨空间的复杂的言语交际活动。

二、翻译的性质

（一）个体性

尽管随着科学技术的发展，人工智能技术也具备了翻译的功能，但是由机器翻译的文本与译者的作品之间还存在着一定的差距，机器翻译对于词语释义和文章风格的把握依然不是很成熟，因此，如今的翻译活动仍然将人作为主要的翻译主体。在翻译活动中，由于每位译者的教育背景、文化修养、价值观、表达能力等各不相同，他们对英语原文的翻译都是基于自己的理解完成的，因此，翻译的作品必然会带有不同的个人色彩，这体现了翻译具有个体性的特点。

（二）社会性

翻译作为一种针对不同语种而进行的具有目的性的特殊的交流活动，其产生的背景必定与社会有关。在不同的社会需求、社会因素、社会作用下，所产生的翻译类型、翻译风格、翻译理论等也是不同的。我们也可以这样理解：翻译是一种依附于社会的文化活动，它既反映了社会的精神需求和接受程度，又对社会文化的发展起着一定的推动作用，它贯穿于社会发展的全过程。翻译具有社会的属性，它反映了不同历史时期所翻译的民族文化心理和社会接受程度。翻译是一种社会文化活动，更是一种社会现象。

（三）艺术性

翻译是一种关于文字的创造活动，在这种活动进行的过程中，人们往往会通过制定一些规则来保证其具有一定的价值和达到一定的效果，其中艺术性就是这些表现之一。翻译的艺术性可以通过它的普遍性、依附性以及变通性来阐述。首先，普遍性是指翻译对待所有要翻译的文本都需要遵守一样的原则和方法，在将意思明确表达出来的同时还要考虑到语言的优美和通顺。其次，依附性的意思是说翻译虽是一种创造活动，但是它要依附于所要翻译的原文存在，如果没有了原文，翻译就没有了根本，不能独自进行创造，另外在翻译的过程中，原文的写作风格、文化传统、风俗习惯等也都是翻译要参考和遵从的方面。最后，变通性则是指翻译不能循规蹈矩，翻译后的文字要既符合本国读者的语言习惯，也要忠于原文意思。

（四）创造性

前面说，翻译是一种关于文字的创造活动，既然是创造活动，就一定具有创造性的特点。一方面，从遣词造句的角度来说，翻译是需要译者根据原文的意思从译语范围中选取合适的词语进行重新的整合，这一过程中需要一定的创造性；另一方面，翻译不是简单的意思呈现，它最终的成品还需要具有一定的美感，这些也需要通过创造力进行。因此，翻译的本质之一是具有创造性。

（五）多样性

翻译的多样性体现在翻译过程的方方面面，从翻译的方法的多样性到翻译形式的多样性，从翻译的词汇的多样性到翻译修辞的多样性等，都呈现出翻译的灵活性。翻译最终并不止为一种结果，每位译者的翻译风格都各不统一，尽管所表达的意思都是以原文为基础的，但是这并不代表最终的译文都是一样的。由于语言的丰富性，翻译也呈现出多样的色彩。

（六）科学性

翻译科学性的基础是“人同此心，心同此理”，即在地球生态环境大统一的基础上，人类的思维框架和意识形态是基本一致的。人类语言具有“同质性”，即语言之间存在对应关系，如“door”对应“门”，“school”对应“学校”，“cloud”对应“云”，英语主动语态“I finished the work.”对应“我完成了工作”，被动语态“The child was taken home.”对应“那个孩子被领回家了”，等等。当然英汉两种语言存在许多无法一一对应的情况，但从广义上说，语言之间的同质性与对应关系仍是翻译的科学性所在。

（七）部分性

在翻译的过程中需要考虑到方方面面的内容，例如，与原文的意思是否一致、与原文的风格是否相符、原文的思想有没有明确地表达出来等，这些都是需要注意的内容，但这只是理想情况下的翻译，在实际的情况中，大部分译者都主攻其中的一方面。也就是说，译者会根据当时的环境背景、个人经历、翻译要求等对部分内容进行省略或是简单翻译。因此，翻译并不是完整的内容呈现，它有着部分性的特点，译者只需将原文的中心内容和核心思想呈现出来即可。

三、翻译的原则和标准

翻译的原则和标准实为同一事物的两个方面。所谓原则是就译者而言的，即译者在翻译时应遵循的原则；而标准则是就读者或评论家来说的，是评价译文优劣的标准。翻译的原则和标准是翻译实践的准绳和衡量译文好坏的尺度。

我国唐代翻译大师玄奘的译文体现了“既需求真，又需喻俗”的翻译标准。“求真”即忠实于原作，“喻俗”即译文应合乎汉语的表达习惯，能让译作的读者觉得通俗易懂。玄奘的“求真喻俗”反映了翻译的核心标准，与现代翻译标准相契合。

我国清末民初翻译家严复提出了“信、达、雅”的翻译标准。“信”即译文应表现出作者的真实意图；“达”表示“译文应与原文表达同一个意思”；“雅”之意源自《左传·襄公二十五年》中的“言之无文，行之不远”，意思是如果译文没有文采，就传播不远。“信、达、雅”三者之间是相互关联的递进关系，“信”为基础，“达”为核心，“信、达而外，求其尔雅”。然囿于时代，严复的“雅”指的是追求译文的“古雅”，使用“汉以前字法句法”，与时代发展需要相悖。这三字翻译标准的提法简明扼要、层次分明、主次突出，虽争议颇多，却一直没有被翻译界摒弃。后人批判性地继承并发展了这一标准，将“信”解释为如实、恰当地运用现代汉语把原文翻译出来，译文要准确无误、忠实于原文；“达”是指译文应通顺流畅，与现代汉语的审美和习惯一致，没有语言错误；“雅”是指译文语言应自然优美，没有可以描绘的痕迹，将原文风格生动地呈现出来。

此外，我国译界大家从不同角度阐释了翻译标准和原则。林语堂提出“忠实、通顺、美”的翻译标准；钱钟书认为“化”是文学翻译的最高标准；张培基等提出“忠实、通顺”的原则，认为“忠实”是翻译标准中的首要问题，要忠实于原作的内容，保持原作的风格（即原作的民族风格、时代风格、语体风格、作者个人的语言风格等），“通顺”是指译文语言必须通顺易懂、符合规范。“忠实”和“通顺”两者相辅相成，全面顾及原作的内容、风格和语言，成为翻译实践中必须遵循的两项基本原则，也是翻译教学中最常用的标准。

西方有代表性的翻译书籍《翻译的原则》中提出的三总则：翻译应该是原著思想内容完整的再现，译作的风格和写作手法应该和原著属于同一性质，翻译应该具备原著所有的通顺流畅。

无独有偶，美国翻译理论家赫伯特·库欣·托尔曼同样将翻译标准定为三个：忠实、通顺和风格。托尔曼认为翻译并不是把一种外语的单词译成母语，而应该是原文中感情、生命和精神的蜕变，“忠实”于原作的精神，不仅是其优美之处，也包括其不足之处；他的“通顺”是指译文必须是地道的译入语，必须自然流畅；而“风格”是说译作应通过重现原作在词汇、词序和修辞上的特色来再现原作的风格。

如果说我国诸家的翻译标准过于抽象，那么奈达的“功能对等”原则使我们跳出了长期以来的“信、达、雅”之争，算得上是一条比较客观的评价标准。奈达用交际学理论诠释翻译过程和结果，使翻译的研究领域不再囿于语言层面，而是扩大到译文的使用者。由于交际是建立在功能对等的基础之上的，而翻译这种语言交际行为只有在功能对等的情况下，交流信息才能得以传达。于是，奈达将翻译的首要任务确定为“再现原文信息”，将翻译的性质界定为“功能对等”。

所谓“功能对等”是指翻译必须以读者为服务中心，而不是以译者本人的主观感觉为衡量标准。由于源语与译语之间存在着较大差异，实际翻译中的“绝对对等（absolute equivalence）”难以达到，只能“基本对等（rough equivalence）”，因为在翻译中要达到使译文读者对所传信息的感情反应和原文读者的保持一致，只能在理想状态下。

四、翻译的准备

翻译应该进行必要的准备，以使翻译能一路顺风、善始善终。

正式动手翻译之前可以做的工作很多，主要精力应放在查询相关资料上，以便能对原作及其作者有一个大概的了解，同时为了保证质量和节省时间还应熟悉整个翻译过程可能用到的工具书和参考书。

（一）了解作者

对于作者，需要弄清楚他的简略生平、生活时代、政治态度、社会背景、创作意图、个人风格等。比如若要翻译一名作家的一篇小说，为了获得有关作者的一些基本信息，可以阅读作者自己的传记、回忆录，或者别人写的评传，或者研读文学史、百科全书、知识词典等。还可阅读用汉语解说的相同辞书，如中国大百科全书出版社《辞海》、上海辞书出版社《辞海》（增补本）、上海辞书出版社《简明不列颠百科全书》、中国大百科全书出版社《外国名作家传》、中国社会科学出版社《外国人名辞典》、上海辞书出版社《外国历史名人》。

（二）了解相关背景

背景知识是指与作品的创作、传播及与作品内容有关的知识；超语言知识按语言学的定义指交际行为的环境、文章描述的环境及交际的参加者等。两个概念的外延合起来大约涵盖了前辈翻译家说的“杂学”。

五、翻译的过程

翻译是运用两种语言的复杂过程，它包括正确理解原文和准确运用另一种语言再现原文的思想内容、感情、风格等。由于翻译工作的复杂性，适当的准备工作是不可缺少的。通过准备，可以使翻译得以顺利进行。

（一）理解

我们在翻译的过程中应该要通过分析原文的上下文来对其进行深刻的理解，通过理解内容来选择正确的译法。若想准确地翻译，必须要透彻地对原内容进行理解，因此，译者需要注意以下三个方面。

首先，要理解语言现象，译者必须要根据语境去理解原文中句子与词汇的含义。

其次，要理解原文所涉及的事物，译者不仅要分析原文的语言现象与逻辑关系，还要透彻地理解一些与其相关的事物或者历史背景，联系实际地去翻译，否则不可能对其进行准确的翻译。

最后，要理解逻辑关系，在原内容中的单词与句子可能包含着多种含义，因此，译者需要通过语境去理解原文的逻辑关系，再选择最准确的译法对其进行翻译。

准确的翻译必须基于对原文正确理解的基础之上。理解是翻译的基础，是翻译的前提。只有理解了原文，才能进行翻译，也才能保证质量。这种理解主要包括语法分析、语义分析、语体分析和语篇分析，通过这些分析，弄懂原文的语言难点、原文内容的逻辑关系、上下文的关联、民族的文化传统和背景知识等，翻译才会成功。

1. 根据上下文进行理解

认真阅读上下文，因为理解要在一定的语言环境中才能深刻、透彻。从语言学的观点看，有时孤立的一个单词、一个短语、一个句子看不出是什么意思，必须在语言环境中，有一定的上下文才能确定它的意义。

【示例】They were Zhou's welcoming party.

单凭这一句话，无法确定原文中“welcoming party”的意义，但如果将该句话放在一个语境中：“A few minutes before Kissinger boarded the aircraft，four senior Chinese officials entered the plane. They were Zhou's welcoming party；they had been in the capital for 3 days，but had remained in seclusion.”。有了上下文的提示，我们就会明白，“they”指的是中国的四位高级官员，“Zhou”就是已故的周恩来总理，“welcoming party”的意思不是欢迎宴会，而是周恩来总理派来迎接基辛格的人员。

2. 理解要靠广博的知识

【示例】Shall I compare thee to a summer's day？ Thou are more lovely and more temperate.（Shakespeare）

这是莎士比亚的两句诗。只有在英国文化语境中“summer”（夏天）与“可爱”“温和”才能联系起来。在中国的文化氛围中，夏天常与酷暑、炙热联系在一起，常给人以“赤日炎炎似火烧”“夏日可畏”的感觉，很难将“夏天”与“可爱”“温和”联系起来。假如我们不具备英国地理与气候的背景知识，就很难理解诗中“a summer's day”的意思。

（二）表达

在表达阶段，译者需要将自己对内容的理解用另外一种语言表达出来，理解对表达的影响起着非常关键的作用，但是理解正确并不一定能够保证表达正确。通常表达包括以下三种方式。

第一种，直译法。这种翻译方法并不是逐词进行死译或硬译，而是尽可能地保持原文的内容、形式与风格，按照原文的表达方式进行翻译。

第二种，意译法。这种翻译方法是指译者在受到译入语社会文化差异的局限时，不得不舍弃原文的字面意义，使译文与原文的内容相符、主要语言功能相似。每一种语言在词汇、句法结构和表达方式上都会存在一些不同，当原文与译文的表达形式不一致时，意译是一种比较理想的选择。

第三种，直译法和意译法相结合。在翻译的过程中应该灵活地采用准确的翻译方案，从而将直译与意译相结合。这两者并不矛盾，都是为了能够准确地对原文的内容与形式进行展现，一部优秀的翻译作品总是体现着直译和意译的结合。

（三）校核

在最终的校核阶段，译者需要对原文的内容进行进一步核实，并且仔细核对译文中的语言，因为在翻译的过程中不论多么谨慎小心，都不可避免地会出现一些漏译或误译的地方，因此，校核就显得非常必要。校核的主要内容通常分为以下四个步骤。

①核对译文中是否存在人名、地名、数字、日期等方面的错误，并对其进行修改。

②核对译文中是否存在单词、句子、段落等方面的错误，并对其进行修改。

③核对译文中是否运用了冷僻的词汇或者过于白话的语言以及陈腔滥调，并对其进行修改。

④通常情况下要进行两边校核。第一遍着重对译文的内容进行校核，第二遍着重对文字进行润饰。如果时间较为充裕，应再把已经校核过两遍的译文再对照原文通读一遍，做最后一次的检查、修改，务必在解决所有问题后再定稿。

六、翻译的分类

（一）从涉及的语言符号分

从涉及的语言符号来分类，翻译可分为语内翻译和语际翻译。

语内翻译指的是同一种语言文字内部不同方言之间进行的翻译。例如，中国普通话与各地方言之间的翻译；书面语体与口语体之间的翻译，如“五四”之前的文言文与白话文之间的翻译；或在不同文体之间进行的翻译，如将散文译成诗歌。

语际翻译指的是不同语言之间所进行的语言转换活动，如将英文译成中文或将中文译成英文等。一般情况下的翻译指的是语际翻译。

（二）从翻译的手段分

从翻译的手段来分类，翻译可分为口译（interpretation 或 oral translation）、笔译（translation 或 written translation）和机器翻译（machine translation）；而口译又可以分为同声传译（simultaneous interpretation）、交替传译（consecutive interpretation）、视译（sight interpretation）等。

（三）从翻译的体裁分

从翻译的体裁来分类，翻译可分为应用文翻译（practical writing translation）、科技文献翻译（translation for science and technology）、文学翻译（literary translation）和一般性翻译（translation for general purposes）。

应用文体主要包括各类公告、公函、启事、合同、通知等，一般来说，应用文体属于要式文本，格式规范、用语准确。科技文献主要指的是科技论著、科学资料、产品说明等具有专业特色的材料。文学翻译主要指的是文学和文艺作品，如小说、散文、诗歌、戏剧等，文学翻译常以美学为取向，追求译品的艺术等值。

（四）从翻译的处理方式分

从翻译的处理方式来分类，翻译可分为全译（complete translation）、摘译（partial translation）、编译（translating and editing）、节译（abridged translation 或 selective translation）、译述（interpretation）、综译（comprehensive translation）和译写（translating and writing）等。

全译指的是不加删节地将原文翻译出来。摘译是指译者根据具体的需要，选取原文的部分内容或章节进行翻译，一般所摘内容为原文的核心部分或内容概要。编译是指译者对原文的内容进行编辑加工。节译指的是在翻译时允许译者在保持内容整体完整性的前提下，对原文进行部分地删节。译述指的是译者在对原文内容进行翻译时，加入了客观的介绍，以及自己的看法，而不拘泥于原文的语言表达。综译即综合性的文献翻译，是对同一专题的不同文献（包括不同语言的文本），通过节译和编译，做综合性的加工处理，产生一种符合特定需要的综合性译文文本。译写指译者在翻译过程中融入自己的创作、想象和发挥，一部分忠实于原文，而大部分是译者自己的创作。

七、翻译的目的

（一）功能的忠实

功能上的忠实指的是原文具有什么样的功能，译文就应该呈现这种功能。语言具备了以下六种翻译功能。

①表情功能：主要表达发话人的思想与情绪。

②信息功能：主要是对现实世界的反映。

③祈使功能：主要是使读者对文本做出反应。

④美感功能：主要是使读者的感官愉悦。

⑤应酬功能：主要是使交际者之间保持接触的关系。

⑥元语功能：主要是语言对自身功能及特点的解释。

（二）文体的忠实

由于文体的不同，对忠实性的要求也就不相同。以文学翻译与应用文翻译举例，忠实性要求再现原文的风格。

①在对文学作品进行翻译时，应该要再现原作的风格，因为只有在不改变原文风格的基础上进行翻译，阅读译文的读者才可以与阅读原文的读者获得同样的感受。但是，必须要注意的是，译者应该运用符合译入语且自然的语言对原文进行再现。

②在对应用文进行翻译时，如果原文的风格比较正式，那么翻译成目的语的时候应该转换成译入语中相应的格式，才可以准确地体现出原文正式的风格。

第二节　翻译中的译者

一、翻译主体

从狭义上讲，翻译的主体是译者，因为译者是翻译的行动者。在整个翻译活动链中，译者处于中间位置（除了作者和读者）。译者在翻译活动中的本质特征，即译者对原文（客体）的主动操纵、对原文的转换、对原文为主体服务的转换，是译者在翻译活动中本质力量的外在化。译者的主体性是译者的主体能动性。译者的主观能动性和被动性是相对的。主观能动性包括目的性、自主性和创造性；被动性是客体（如原文）对参与翻译活动的主体的制约，也是客观条件和环境（如双语特征）对译者的制约，双语转换的规律、文化语境、政治语境、审美观念等，使译者在很大程度上克服被动性，发挥主观能动性。译者需要了解翻译的主体作用、翻译工作的创造性，才能获得在可能的再创造空间中驰骋的自由；需要提高翻译的专业素质，充分发挥主观能动性。

在人类社会前进的过程中，翻译肩负着时代的需要、历史的重任，始终与社会的进步、文明的发展、科技的创新、人类的命运休戚与共、紧密相连。新的世纪、新的形势、新的目标和新的任务必将有力地推动着翻译事业的蓬勃发展，同时给各类翻译教育的加强以及各行翻译人才的培养提出了更新、更高的要求。

二、译者的素质

（一）良好的政治素养

从二十世纪三十年代开始从事翻译工作的金人认为，要搞好翻译工作，就必须“提高翻译工作的思想性，使之密切与政治任务结合”。他还分别论述了译书的选择、译者的修养、掌握作者原意、正确用中文表达等问题，强调这些都不只是技术问题而是思想性问题。

译者应具有良好的思想政治素养，不仅要在国家立场面前坚定地表明自己的政治立场，还要忠于祖国，不做有损于国家和民族的事。我们知道，现在的国际局势比较复杂，国际上仍然存在一些试图分裂我国国土的谣言和言论，而翻译是我国同国际进行交流的主要方式之一，译者在对翻译材料进行选择的同时，应该遵守以下原则：有损祖国利益的题材坚决不译，有损民族形象的翻译任务坚决不做。如果译者不能很好地做到这两点，在翻译时出现了疏漏或失误就会给国家造成不可弥补的损失，影响国家和民族的形象。因此，译者应具有爱国主义意识，根据我国的国情，选择好的作品进行译介，运用正确的立场、观点和方法来分析研究和深入理解原作的内容。另外，译者还应本着让世界各国人民了解中国的原则，积极对外宣传我们党的路线、方针、政策，宣传我国的社会主义建设成就，宣传社会主义道德、风尚和文化，积极推动对外交流，促进中国人民同世界各国人民之间的友谊。

（二）良好的文化素养

除了对两种语言文字的掌握以外，对两种语言的文化相关背景知识要有足够的了解。相关文化背景知识包罗万象，有历史、地理、政治、经济、科学、风俗习惯等。光在语言上下功夫，而忽略了不同文化背景造成的文化差异，容易导致错译、乱译。随着国际交往的深入，越来越多的人意识到在跨文化交际当中，由于对异国文化的不了解，已经阻碍了跨文化交际的顺利进行。这一点表现在翻译上尤为明显。同一国家的不同时期，其文化背景也有差异，译者切不可掉以轻心、不求甚解、胡乱翻译，一定要联系年代、地域和其他相关背景来理解原文。

译者应力戒在两种语言转换过程中的狭隘对等意识。固然，在翻译过程中，两种语言的确存在对等现象。但由于各个民族在自然环境、历史传统、风俗习惯、民族心理和文化传统等方面存在着巨大差异，这种差异必然会体现在语言上，即两个民族必然会采用不同的词语或表达方式来描述同一事物或现象。如果一味地追求对等，必然导致译文让读者感到困惑难懂、无法理解。例如，一旦将英语中的“level”与汉语中的“水平”机械地对等起来，那么汉语的“英语水平”“生活水平”“游泳水平”就很可能译为“English level”“living level”和“swimming level”，而实际上，它们在英语中的对应词是“English proficiency”“living standard”和“swimming skill”。

翻译还需要坚实的专门知识：译科技著作的必须懂科技，译新闻文章的必须懂新闻，译文学作品的必须懂文学。光懂还不够，最好要精。因为有翻译价值的文本也必须在内容上具有借鉴价值，若不是某一方面的行家，恐怕就吃不透、译不准。总之，译者的知识结构越合理，知识范围越广阔，做起翻译工作来就越有适应性，越得心应手。

（三）较高的语言功底

译者应具有扎实的语言基本功，有较强的驾驭译出语和译入语的能力，能正确理解原文，熟练运用本族语。好的译者必须具备较高的外国语言文字水平。好的译文要求译者不光要掌握全面的外语语法知识，还要有很大的词汇量。倘若对原文信息理解不深不透或对深层隐晦的寓意未能理解，甚至理解错误，必将影响翻译质量。因此，译者要能够用纯正地道的语言把要表达的意思表达清楚。翻译工作者应有的语言素质包括两个部分：本族语的语言素质和外语的语言素质。不管是哪门语言，我们都必须认真研习，这样才能真正学好这门语言。

对于语言的要求（外文以英文为例），译者必须具备扎实的英语基础，特别是要有很强的阅读和鉴赏能力。译者水平的高低，首先取决于他对于原作的阅读理解能力。这就需要译者大量阅读英语原著，不断丰富自己的语言知识，提高语言感悟力。

比如，“All that glitters is not gold.”不是“所有光辉灿烂的都不是金子”，而是“所有光辉灿烂的并非都是金子”；“He sleeps late.”不是“他睡得很晚”，而是“他起得很晚”；“I shall not expect you until I see you.”不是“我不期待你知道见到你”，而是“你随便什么时候来吧”。实践证明，仅凭少量的语言知识和少许支离破碎的语言概念，处处依靠词典，把“字字对应”视为“法宝”，肯定是很难做好翻译的。高水平的译者，必须具备高水平的理解能力。

此外，译者必须具备扎实的汉语基础，特别是要在提高自己的汉语表达能力方面下功夫。一般说来，译者汉语水平的高低是决定译文质量的第二大因素。不过，翻译对汉语的要求不同于对英语的要求，后者重在阅读，而前者重在写作表达。

（四）广阔的知识面

当今的时代是一个信息的时代，随着网络技术的发展和普及，人们获取信息的方式和途径越来越丰富，译者作为跨文化信息传播中的重要一环，也应具备广阔的知识面和丰富的学识。因此，译者必须设法扩大知识面，改善知识结构，大量接触各种知识材料。具备包括扎实的汉语和英语功底在内的基础知识和专业知识，这也是翻译工作对译者的基本要求，通晓和掌握汉语与英语的基础知识是从事英汉互译的起码条件。专门知识对译者来说也是很重要的，译者必须懂新闻才能译好新闻文章，懂文学才能翻译出优秀文学作品来。

翻译是传播文化知识的媒介，因而译者的知识结构应该是越广博越好，也就是说，译者不仅需要具备包括自然科学和社会科学在内的百科知识体系，这类知识体系并无固定的专业范围；此外，译者还需要坚实的专门知识。

当然，不管进行哪一类的翻译，对哪一相关领域的知识的学习，都是需要慢慢积累的，人不是一出生就是博学的，因此，译者也不必着急，不必每一个领域的知识都想掌握，先确定好一个自己比较擅长和感兴趣的领域，然后慢慢地积累相关的知识，也可以在翻译中积累知识。在翻译的过程中，遇到模棱两可的地方一定要搞清楚，不管是查资料还是请教他人，最终都要把文章的意思确切地传达出来。

（五）合理的应用能力

1. 跨文化交际能力

（1）跨文化翻译的重要性

第一，跨文化翻译是社会文化知识传播和沟通的桥梁。随着全球一体化的进程向前推进，经济统一和文化多元已成为大势所趋，二者之间的发展并不矛盾而是相互促进的。这需要全球各国之间不断加深交流，排除语言文化的干扰、充分了解尊重他人、求同存异，推动区域性和全球性的跨文化传播和交流，需要一个沟通的桥梁，这个桥梁就是翻译。

由于地域文化不同、民族文化存在差异性，文化冲突与对抗经常出现在经济以及文化活动中的翻译、传播与交流过程中。文化冲突因此不可避免，可是人们往往受到民族文化情节的影响，主观上会先产生一个印象，这会极大地影响着对翻译文化所持的态度以及产生的冲突和后果，甚至对意义的评价也难免有失偏颇。

不同文化之间的差异是不以人的意志为转移的，它会一直客观地存在下去。但如何进行这种跨文化间的交流？通过战争征服也许可以，但不是最好的，通过经贸合作也可以，但不是最快的，只有通过和平平等的文化翻译才能既好又快地进行跨文化交流和传播。因此，如何通过翻译让译语文化接受源语文化需要策略，如何有效地实施这种跨文化传播和交流、架起沟通的桥梁也需要策略，这是一个任重而道远的过程，是一个需要智慧的工程。

第二，跨文化翻译是译语社会文化变迁的动力和催化剂。文化翻译是一个社会向另一个社会借取文化要素并把它们融合进自己的文化之中的跨文化传播过程，这是一个推进本民族社会文化发展与进步的过程。在全球化进程加速的今天，在世界各个国家、各个民族交往日益密切的今天，一般而言，同质文化间的交流与传播可以维系和强化该文化系统，只在量上引起它的改变。而异质文化间的交流与传播则能使该文化产生质变。因此，从某种程度上来说，跨文化间的交流与传播才是社会文化发展和变迁的原动力，而产生这个动力的直接源头就是翻译。历史已经多次证明，作为跨文化传播主要手段的翻译是人类文明发展和文化变迁的动力和催化剂。

（2）培养跨文化交际能力

翻译的目的是促成不同文化之间的有效交际，可以通过掌握一定的跨文化交际能力提高翻译能力。根据卡纳尔和斯怀恩的分析，它主要包括语法能力（语音、语法、词法、词汇等知识）；社交能力（语言使用的社会规则）和话语能力（话语规则和在话语中组织句子和语段时所需的知识和技能）。翻译中的跨文化交际能力就是指译者所要具备的双语文化交际能力，不仅要精通本国语言、熟知本民族文化知识，对外国的语言和文化进行全面了解和掌握，而且还要掌握跨文化交往中的社会规则和潜在的规范，特别是在口译活动中，还要掌握必要的交往礼仪和交际艺术。

要增强跨文化敏感性，提高跨文化交际能力，可以从以下五个方面对译者进行培训。

①语言的语用功能。

②常用的英美国家的非语言行为。

③交际手段。

④价值观念对比分析。

⑤思维模式分析。

只有通过这些非语言层面的培训，才能让一个译者在面对纷繁复杂的文化时，知道如何处理不同文化之间的差异，知道遵守社会交际中的行为规范，从而能够成功地完成交际活动。

2. 信息技术能力

在这样一个“信息爆炸”的时代，知识突飞猛进的增长和跨文化交流的需要，使翻译市场供不应求的局面日益严重，传统的手工翻译已经不能满足不断增长的翻译需求。因此，任何一个译者都要会一点信息技术（IT）知识，掌握一点电脑知识。“译者的职业素养最终表现为译者能力。而译者能力又是中、外文功底、专业特长以及 IT 知识的总和。从三者关系来看，中、外文功底加上专业特长构成译者的翻译能力。但是如果缺乏 IT 知识，他的实际翻译能力未必能充分发挥，也就是译者能力不高，难以胜任当今时代的应用翻译。”

电脑技术确实可以给译者带来很多方便。首先，利用电脑处理文字，可以加快翻译的速度，而且便于修改、保存；其次，通过互联网可以与外界信息保持沟通，直接与国际一流专家进行学术商讨和对话，利用互联网搜索学术信息，了解国内外最新译学动态；通过“中国期刊网”“万方数据库”等各类电子资源快速便捷地查找资料，下载有价值的电子版论文，既节省时间又能解决翻译中的问题；通过网上发帖子，讨论甚至争论翻译问题；网上寻找翻译合作伙伴等。另外，还可以通过互联网查找一些新鲜的、尚未来得及编进字典的新词语。

第三节　翻译的价值研究

一、社会价值

翻译的社会价值取决于翻译活动的社会性质，主要体现在对社会交往和发展的大力促进上。悠久的历史、广阔的领域和丰富的翻译活动无疑为翻译提供了客观依据。从源头上来说，翻译的最重要作用之一就是基于人类思想的交流。由于人类交流的需要，翻译开始了。克服妨碍交流的语言差异，翻译为交流开辟了渠道。在翻译的帮助下，人类社会为实现自己的文明而不断交流。针对人类思想的跨文化交流活动，即我们所谓的翻译活动。

二、文化价值

社会的变革和文化的发展往往和蓬勃开展的翻译活动有关。翻译可以引发对特定文化乃至社会制度的“颠覆”，也可以助推不同文明向前演进。

古罗马的希腊文学翻译导致了拉丁文学诞生，“五四”时期的西学东渐及大规模翻译活动促进了现代白话文的形成和发展，并进而推动中国社会历史突飞猛进。这些无疑都是体现翻译的社会文化功能的最佳佐证。

在全球化时代，信息传播与大众传媒的强势发展使经济与文化全球化紧紧地捆绑在了一起，翻译本身就是一种跨文化的信息传播，同时也是传播信息的必备工具与手段。所以，全球语境下的翻译研究工作想要开展好，一定要摆脱语言字面的表层狭窄含义的束缚，把它放在文化全球化的跨文化背景下。此外，翻译研究本身也是一个跨文化问题，尤其涉及跨文化的互动和比较研究。毫无疑问，翻译研究的兴衰与文化研究的地位息息相关。如果我们承认跨文化研究是一个新兴的跨学科研究领域，那么以语言转录和文化解释为特征的翻译研究也应该成为人文社会科学的一个独立分支。在跨文化交际研究的语境中，翻译研究自然成为一种跨文化现象和活动。由于翻译历来就是一种跨文化传播与文化阐释的重要手段，在人类社会历史文化发展过程中，它的功能也是任何人工智能都不能取代的。

三、美学价值

翻译，尤其是文学翻译，非常注重体现作品的美学价值。美学价值简单来说，就是译者在翻译的过程中，不仅要将原文的词句含义表达清楚，还要将原文的情感观念充分体现，在原文与译文之间建立起等效的艺术观念，使读者共情。例如，莎士比亚的“和泪之作”，与曹雪芹的“一把辛酸泪”，同是文情相生、挥笔挥泪！

译者要想成功地体现翻译的审美价值，最重要的就是在翻译的过程中先走进原作者的情感世界，从中找寻到他们创作的主要动机并了解其心理活动、思想情感以及审美意象。一个成功的审美翻译作品，是可以折射出创作者灵魂深处的思想的，这时的译者就相当于作者的另一支笔，翻译的过程就是慢慢深入作者内心的过程，它是与作者的心理同构交叉进行的。通过这种方法，译者可以同时认识作者与作品，在对作者的认识中细细地品味作品，同时又在对作品的认识中加深对作者的了解。

传统的心理学将现代人们的主体认识心理活动界定为三个主要的运动阶段，分别是“知”“情”“意”。其中“知”就是感性认识；“情”就是意识与情感相互交融，即译者有了相应的、投入性的情绪体验；“意”则是主体倾向的意识。在整个的艺术知识鉴赏与意象信息创造的过程中，译者的认识心理活动走向所呈现的是从有意识到无意识再到自我意识的一种走向。译者首先有意向性地深入认识了作品与作者，在不知不觉中与作者的情感相互交融，然后译者再有意识地走进作品本身，回到自我意识中进行对信息的整合加工与制作，由形象的感知转为抽象思维，在与作者达成美的共识之后，进而逐步实现作品的艺术再鉴赏与创造，整个过程就是一个逐渐形成的意象整合过程。

四、创造价值

翻译的创造价值起始于它的社会和文化价值。我们知道，通过翻译，不同语种的人类之间可以进行交流，而交流的作用之一就是促进人类思想的解放与进步，在交流过程中，每导入一种“异质”，都是激活语言文化的因子，具有创新的作用。一个好的文学翻译作品，它所创造的价值远远超过了将其当作的原作翻版，而是一种更高的升华，是原作的再生。翻版与再生品之间最本质的差距就是前者的灵魂寄托于原作身上，而后者却产生了新的生命，这就是翻译的创造价值。

当然，创造不是凭空产生的，创造的过程一定是个漫长的继承和创新的过程。当我们谈论任何翻译创造价值的同时，在“创造”一词之前必然会有“再”这个字。它的出现表明了翻译的创造性离不开翻译的本源，也就是出发语与目的语、出发语文化与目的语文化、原作与译作等。跨文化翻译不只是将一种语言转换成另一种语言的过程，它更是打破封闭式文化，使其与其他文化相碰撞和交流的过程，而翻译的创造性就体现在这一过程之中。

五、历史价值

翻译的历史价值，主要体现在以下两个方面。

一方面，经过对人类文明发展史的研究和分析可知，翻译在历史的推进中扮演着重要的角色。每一次重大的文化复兴都伴随着翻译的高潮，如古希腊、古罗马、加洛林王朝的文化复兴以及15—16世纪的文艺复兴，往往以翻译为先锋。

另一方面，翻译作为跨文化的人类交际活动有着不可避免的历史局限性。就具体的翻译活动而言，无论是对原文的理解还是阐释，都不是一个译者一次就能彻底完成的。尤其是那些个性突出的艺术作品，往往需要许多时代的译者的共同智慧。这个意义上，当我们认识到翻译活动的历史局限性，实际上也就是为树立翻译的历史价值发展观奠定了某种基础。换言之，我们既要清醒地意识到翻译活动的历史局限性，又要以发展的眼光来看待这种局限性。翻译活动所能达到的交流思想的程度是变化的，因为翻译活动受到人类的认知和理解能力的制约，但这种制约会随着人类历史的发展而不断减少，为翻译活动的可能性开启越来越广阔的空间。持翻译的历史价值观，也就意味着我们不仅可以从人类的翻译活动去考察人类历史的发展，我们还可以从历史的发展来看翻译活动不断丰富的内涵和不断扩大的可能性。

六、理论价值

翻译本身并非理论，它的所谓理论价值，并不是指它作为理论的价值，而是指它对于翻译研究和翻译理论有价值。换言之，翻译作为翻译理论的直接研究对象，是翻译理论赖以发生和发展的“物质基础”，因而它对于翻译理论有价值。翻译理论乃至翻译学作为独立学科的健全和发展，在很大程度上都依赖于翻译这一“物质基础”的存在和发展。离开了这个基础，翻译理论的存在和发展就无从谈起。反过来，翻译理论通过翻译的描写和总结，又可以给这个活动提供指导，带动翻译实践的更好发展，使它在人类文明向前发展的过程中起到不可或缺的作用。在这个意义上，翻译实践是前提，它不会因为翻译理论的存在而存在，但因为有了它的存在，翻译理论的存在才能成为可能。同时又往往因为它的发展，翻译理论的发展才成了有源之水、有本之木。翻译对于翻译理论的价值也在于此。

七、语言价值

在以往的研究中，人们很少就此问题展开深入的思考和讨论。我们应该树立一定的翻译语言价值观，而翻译语言价值观从根本上来说，就是如何认识翻译活动对语言产生的作用和影响的问题。就形式而言，翻译是一种语言转换活动。在这里，我们所说的语言不仅仅限于狭义的语言，还包括雅各布森的符际翻译的符号系统。所以我们也可以说翻译就其形式而言是一种符号转换活动。如果说雅各布森所区分的语内翻译、语际翻译和符际翻译这三种翻译类型涵盖了人类一切翻译活动，那么我们就不能不承认这样一个事实的存在：任何翻译活动的完成都要经过符号的转换这个过程。符号的转换性由此而成为翻译活动的特性之一。

当我们在强调翻译的语言价值，论述翻译对目的语所起到的种种积极的作用时，我们也清醒地意识到，在历史上，由于翻译方法或策略运用不当，翻译的过分“异化”对目的语造成的负面影响也不容忽视，如在五四新文化运动前后，翻译中所出现的对“欧化语言”的过分推崇现象就值得反思。

第四节　英语翻译的影响因素

一、逻辑

（一）逻辑的概念

逻辑（logic）指的是思维规律和规则，思维是人类所特有的。简单地说，动脑筋、想问题就是思维。逻辑思维是人类意识活动的高级形式，是客观事物和现象在人们头脑里间接的、概括的反映；它借助于语言，运用概念、判断、推理等手段来反映事物内部的本质联系及其规律。

人们说话、写文章，无非要说明某个问题或者论述某一个观点。说明问题，要尽量说得清楚、准确，首先要思维严密，思想明确。所以我们常会听到这样的一些说法：“某人的文章逻辑性很强。”“某某的讲话不符合逻辑。”

这就清楚说明了逻辑在语言运用中起着重要的作用。在语言的运用当中（翻译也是语言运用的活动），语法、修辞和逻辑的关系极为密切，它们往往水乳交融在一起。形式逻辑是研究思维在语言中的表现形式，如果语言形式用错了，就不能如实反映说话人的思想。

（二）逻辑与翻译的关系

翻译也是运用语言的活动。翻译要达到准确、通顺与形象再现，就离不开逻辑性。翻译的逻辑性也就是合理性，翻译必须合理地运用逻辑思维的形式和方法，使译文概念明确、文理通顺、结构严谨，能够起到与原文同样的效果。

翻译过程是一个复杂的心理过程。翻译是一种包括思维过程和表达过程的高度的脑力劳动，它经过对原文的文字理解以及对原文思想内容的理解，用原文语言进行思维，将所理解的内容形成一个概念或意象，并用译文语言进行思维而形成概念或意象，最后用译文语言将这一概念或意象表达出来。翻译的全过程是一时一刻也离不开逻辑的。匈牙利著名翻译家拉多·欠尔吉博士的观点更加明确：翻译是逻辑活动，翻译作品是逻辑活动的产物。

二、修辞

翻译的使命在于沟通信息、传情达意。它要求译者在使用译语进行表达、再现时，必须在神、形、韵上尽可能地与原文保持一致。英语和汉语属于两个不同的语系，因为双方有不同的历史发展、风俗习惯、生活环境，甚至审美观念，所以在表达相同的观念时，它们经常使用不同的隐喻或修辞格。因此，一些性质相同的修辞格在结构和适用范围上有所不同。研究修辞格的差异有助于我们在翻译过程中正确理解原文，从而在翻译中准确表达原文。如果翻译不能准确地表达原文中的修辞手段，就不能忠实地表达原文的思想、精神和风格。不难看出，英语和汉语都有极其丰富的修辞手段，最常用的英语修辞格可以找到相应的汉语修辞格，它们在结构和修辞功能上非常相似。然而，相似性并不相等，因此，译者下功夫锤炼语言，是保证翻译技巧达到纯熟最重要的环节。

（一）修辞的概念

修辞是运用语言的艺术。人们在表达思想的时候，不仅要求通顺，还需要在通顺的基础上，根据题旨、语境，非常准确而且鲜明生动地表达自己的思想感情，使语言的表达具有感染力。修辞就是调整、润饰语言。换句话说，为了更好地表达思想感情，充分发挥语言的交际作用，根据题旨、情境，选择最恰当的语言形式来加强表达效果的语言活动，就是修辞。

修辞就是运用各种形象性手段和表达方法，把话说得或把文章修饰得更加生动活泼，使语言表达更加准确、鲜明、生动、有力，以加强抒发感情、表达思想的功效。修辞同语法上的各种附加成分的修饰不同。语法的修饰只求对，只求合乎语法的正常规律；而修辞，则不仅要求对，而更重要的是要求美，以便对听者或读者产生更大的影响力和感染力。

修辞同语言的各要素——语音、词汇、语法都有着十分密切的关系。毫无疑问，语言形式的选择与加工都离不开词语的增删、换改，离不开句子结构形式的变动，离不开对词语声音的调配与斟酌。修辞必须建立在这些语言要素的基础上，才有“选择”的可能。所以，修辞是对语言各要素进行综合运用的手段。

（二）修辞的原则

调整、修饰语言都是为了符合题旨、情境的要求。题旨、情境是修辞的重要依据。所以，在语言的修辞过程中，必须遵循以下原则。

①必须依据表达的内容和目的进行修辞。

②必须根据具体的语言环境进行修辞。具体的语言环境指的是上下文、场合、对象等。在书面语言中，一篇文章、作品是一个完整的统一体，所以修辞还应注意语言的前后照应等方面。

③必须依据语体特点进行修辞。

（三）修辞的范畴

从修辞的范畴来看，人们通常将其分为消极修辞与积极修辞两大类型。实际上，在翻译过程中它们可以视作两个阶段。消极修辞的目的在于使人“理会”，积极修辞的目的是要使人“感受”。因此，积极修辞讲究有力和动人。积极修辞又可以分为广义修辞和狭义修辞。狭义修辞具体指各种辞格，广义修辞还扩大到文体、题材等方面。

（四）修辞与翻译

从修辞学的角度看，翻译就是用译文语言形式对原文语言内容进行对应性的艺术转换。这种转换首先应保证正确而忠实地传达原文内容，同时还应调动各种技巧，灵活驾驭译语，再现原文修辞风采，使语言生动有力，具有对等的修辞效果。

三、文化

（一）关于文化

文化是人类社会历史实践过程中创造的物质产品和精神产品的总和。文化体现了一个国家在一定时期内的思想内容、行为、习俗和习惯。它是人类发展过程中不可磨灭的印记，也是人类整个生活方式和生活过程的沉淀。纵观历史，文化更像是一种特殊的象征，反映了整个群体的各个方面。博大精深的文化不仅意味着政治和经济的繁荣，也对政治和经济产生了深远的影响。上下五千年，悠悠中国历史。走在这样一条壮丽的历史走廊上，我们可以欣赏到各种学派之间的激烈争论。孔子创立的儒家学派作为中国固有价值体系的体现，已经逐渐发展成为中国传统文化的主体，并对中国、东南亚乃至世界产生了深远的影响。纵观西方哲学史，最早提出的常规哲学范畴是理性，它对各国文化的影响可以说是根深蒂固的。作为古代欧洲和中世纪常见的哲学概念，理性通常指的是世界上可理解的规律。法国著名哲学家雅克·德里达曾提出流行的“逻各斯中心主义”，并强调它对西方文化的重要性。尽管这种形而上学的理论有偏见，但它无疑在某种程度上反映了逻各斯中心主义对西方哲学的深远影响。翻译活动越来越被视为跨文化活动，尽管它最初被认为是纯语言到语言的转换活动。一些使用一种语言的人可能与一些使用另一种语言的人属于同一话语系统或社区，因此这些人之间的交流是同一话语中的交流，并且很容易相互理解。他们之间交流的障碍主要来自他们各自语言的差异。对于那些不属于同一语言社区或同一话语社区的人来说，他们的交流更加复杂，在理解上也会遇到很多困难。同一话语共同体内部的交流和不同话语共同体之间的交流不可避免地会对他们产生深远的影响，因此表现出不同的特点。

（二）文化对翻译的制约

1. 文化对译语中词汇选择的制约

词汇是语言的基本要素，是语言系统形成、生存和发展的支柱。文化具有共性和异质性。前者表明地球上的人有相同或相似的想法，并且可以相互交流。后者作为一种异质文化，在语言系统中造成词汇空缺。这个词汇空缺的真正原因是语言中包含的与一个民族相关的各种文化现象。

然而，这种限制并不总是相同的。根据跨文化交际的需要，或输出本土文化或输入外国文化的需要，对语言的文化限制也受到归化和异化的限制。

英语和汉语都有丰富的谚语。我们知道谚语是固定的句子，在人们中间广泛流传。它们用简单通俗的语言反映了深刻的真理，是社会生活经验的总结。然而，不同的民族文化使得谚语在词汇上有所不同。很明显，中英谚语的表达方式非常不同。对于译者来说，这就不能通过直译来解决，而应根据目标语言读者的文化采用相应的翻译方法。当源语言习语中的图像不能在目标语言中再现或移植时，源语言习语中的图像可以被一个符合目标语言表达习惯并为目标语言读者所熟悉的图像所取代，但是目标语言读者仍然可以与源语言读者有相同或相似的语义关联，并获得大致相同的艺术体验。

2. 对涉及历史故事或历史事件的习语的制约

人民创造了历史。过去，关于人民还是英雄创造了历史的争论持续了许多年。事实上，这只是一个概念性的问题。英雄和普通人应该被视为人。我们现在不要讨论这个问题。由于历史上一些著名事件或故事发生的时代、所涉及的人物及其产生的结果的特殊性，这些事件或故事在各行各业中产生了深远的影响。因此，当人们在这些历史事件或历史故事中遇到诸如人物、事件、原因和结果之类的情况时，他们会自然而然地把这些情况联系起来，通常是以简洁的形式联系起来，并在一段时间后成为今天的习语。

四、风格

探讨风格之前，我们先来辨清另一个重要概念——文体。人们常常将风格与文体混为一谈，因为在英语中，这两个概念都是一个词“style”，而且在我国古代这两个词也常指一个意思。《文心雕龙·序志》篇：“去圣久远，文体解散，辞人爱奇，言贵浮诡。”此处的“文体”，即风格。但今天，“文体”这一概念已经变得比较清晰了。它专指文章的体裁，是文章的形式因素之一，是文章内容的具体表现形式。从表现手法来看，有记叙文体、议论文体、抒情文体、说明文体；从社会功能来看，有新闻文体、应用文体、文艺文体；从语言风格来看，有政治文体、文学文体、科学文体、公务文体。各类文体在形式结构、语言运用上，都有各自的特点。文体作为艺术形式方面的因素，是研究风格的重要因素之一。

（一）风格的定义

风格一词是多义的，相对于翻译来讲，要对原作的语言艺术负责，因此应该保持原文的语言特色，也就是要追求风格上的对应。

语言风格是语言形式与语言内容相统一的体现，具有形与神（形态与神韵）的两重性。翻译时，译文的风格是表现作者、原文的风格，它们既有共性又有个性。翻译必须做到传神达意，体现风格。翻译水平越高，作者的风格就越传真，译者的风格就越传神。

风格是可以转译的，但有难度，译文风格应尽可能与原文风格保持一致。实际上，真正再现原作风格并非易事。译者所能做到的只能是译文尽可能地接近于原作的神韵，如此而已。

（二）风格的可译与不可译

风格可译与不可译，历来是翻译界争论的焦点之一。翻译作品中所体现的语言风格，是作者的风格还是译者的风格？译者要不要有自己的风格？早先施咸荣在《文学翻译杂感》一文中说：“我认为译者只能忠实地表达原作的风格，而不应该有自己的风格。”他的这一观点曾引起译界不小的争论。

1. 风格可译

我们知道，风格由两个重要部分（内容与形式）组成，是二者的完美统一。风格可译必须是内容可感知、形式可转换，二者缺一不可。因此，风格可译的依据有二：其一是风格具有客观可感性，这显然是就风格的内容而言，包括作品所反映的客观现实、所表现的思想观念以及作家个人的审美观念、精神气质等，所有这些都是人们可以认知的；其二是语言的可译性，是就风格的形式要素而论的。人类的语言尽管千差万别，但用 A 语言能表达的，用 B 语言也能够表达。

在我国，从古人的“依实出华”，到严复的“信、达、雅”，马建忠的“善译”，鲁迅的“保存着原作的风姿”，傅雷的“神似”，钱钟书的“化境”以及后来刘重德的“信、达、切”，周煦良、萧乾、翁显良等人的“得体”，等等，仿佛都以传达原作的风格为翻译的宏旨。

2. 风格不可译

人们常拿萧伯纳的“意之所到，风格随之”来佐证风格是可译的。好像意义到了，风格便能够自然而然地再现。但是，在翻译中，“意”，即原文中的思想内容，虽然是原作者之意，而非译者之意，但当“意”被翻译过来以后，语言表达的风格却未必还是原来作家的。如果是“文如其人”，那么，这里的“文”（即风格）就应该是译者的。就像同一个事件（故事），不同的作者来写，就有不同的风格一样，译者与原作者的风格应该是不同的。他们所处的时代不同，所受的教育不同，社会、历史、文化背景可能都不同，甚至连使用的语言都不同，要使风格（内容与形式）在翻译过程中保持一致，除非风格与语言毫不相干。但问题是，风格是用语言来表现的，没有语言，就没有风格可言。文学这东西就是这么奇妙，同一种意义，你可以用不同的词序来排，其中千变万化。而每一种次序都反映排序者的一种心理定式，该定式因人而异，独具个性，变成风格，故此处的风格应是执笔者的。操源语的，便是源语作者的风格；操译入语的，便是译入语译者的风格，此风格非彼风格也，二者应既有联系，又有区别。

[illegible]

第二章　语言文化与翻译的关系

语言与文化是相互成就的，语言离不开文化，文化也不能脱离语言而存在。通过翻译，可以实现两种不同语言文化之间的交流与移植。翻译可以架起两种语言文化沟通的桥梁。本章分为英语翻译中的语言文化背景、语言的文化属性以及文化与翻译三部分。

第一节　英语翻译中的语言文化背景

一、语言文化背景

（一）文学语言与文化的关系

1. 语言的定义

语言是人类所特有的，作为人类交际工具的音义结合符号系统，每一个符号单位都是由音义组成的。音义的结合是没有特定规律可言的，具有任意性，也正是因为这种任意性，人们才可以使用有限的音义，来表现不同的语义。

语言系统具有层次性，使得它可以不断变化，调整自身结构，适应不断变化的交际环境。不同的交际环境会使用不同的语言，不同的语言代表着不同的文化。语言是民族的文化特征，不仅是该民族的历史与文化的积淀，更是该民族的生活方式、价值观念的体现。

2. 文化的定义

世界上的学者们对文化的概念有不同的看法，来自不同国家的学者从符号学、价值论、功能性和标准化的角度对文化进行了不同的定义。文化使我们不断进步，不断反思，给予我们判断力。通过文化，人们有了自己的价值观；通过文化，人们可以了解自己、认识自己、看到自己的不足，孜孜不倦地追求新的意义，创造成就，从而超越了自己的局限。

文化可以被理解为每个人和每个社区的独特特征以及思考和组织生活的方式。文化是每个社会成员都知道的知识和价值观领域，尽管他们没有专门的研究。文化的含义非常广泛，人类社会创造的所有成就和人类生活的所有方面都可以归入文化范畴，目前这个定义已经被大多数人接受。

另一个流行的说法是，荷兰著名的跨文化管理学者霍夫斯泰德为了让人们更好地理解文化，将其分为许多的层次，如同洋葱一样。最外层被称为一种符号，如服装、语言、建筑等，可以用肉眼看到。第二层是英雄文化，在这种文化中，人们崇拜的英雄或多或少代表了这种文化中大多数人的性格。因此，理解英雄的性格，在很大程度上也理解英雄的民族性格。第三层是礼仪，这是在每种文化中表达人和自然相处的独特方式。例如，在中国文化里，重要场合吃饭时的位置安排很有讲究，而日本人进门时要鞠躬脱鞋。最内层是价值观，指什么是好的，什么是坏的，什么是美丽的，什么是丑陋的，这些标准因文化而异。价值观是文化中最深刻和最困难的部分，也是文化的基石。不同的文化对世界和自然以及不同的价值观有不同的理解和观点，这将影响人们的思维方式和行为规范。

3. 翻译的定义

翻译是运用两种语言的复杂过程，它包括正确理解原文和准确运用另一种语言再现原文的思想内容、感情、风格等。

任何翻译活动都离不开文化，翻译作为不同国家与民族沟通的桥梁，需要通过不同民族语言文字之间的转换，以实现文化交流的目的。因此，才会说翻译其实是一种跨文化的行为，既会涉及语言，也会涉及文化。

对语言背后的文化不了解，就不能掌握语言。如果只是掌握两种语言一些基础的词汇、语法，就不能准确地传达源语的含义。翻译的过程不仅是语言之间的转换，更是文化的移植。译者作为实现这个过程的主体，要掌握两种语言，还要掌握两种语言所反映的文化。

翻译从某种意义上说就是研究跨文化，语言是文化的一部分，也是文化的一种反映，可以反映出社会的各种现象。研究语言，不能只停留在语言的层面上，还要根植于文化的研究之中。

几乎每一个翻译者都想实现无限接近原文意义的目标，很多翻译理论家都想制订出一种适用于所有翻译的标准，但是几乎没有人成功，想要做到，的确是一件有难度的事情。由于各种各样的原因，源语中的意义是很难在目标语中得到绝对准确的表达，任何语言表达都是相对的，这就是文化的影响。

不同的文化之间的沟通和交流远远要比简单的语言之间的转换复杂，由于文化因素的作用，原作中的不可译性就显得更为突出，有时甚至是两种以上的文化之间进行协调，甚至做出了必要的牺牲，以便发现一些相对可译的因素，最终完成翻译的过程。因此有些翻译研究者便力图发现某种折中的办法来解决“忠实”或“对应”的问题。

在今天的全球文化交流的大背景下，人们最需要的应当是理解异域文化的微妙含义，以便和来自那些文化传统的人们进行更为友好的交流。从这些可以看出，对原作文化精神的再现已经成为一种最高境界的“忠实”，因为每一代的翻译者都试图接近这一理想。所以，翻译应该是从简单的纯语言字面意义上的解释过渡到文化层面上的意义阐释和再现。这种文化并不局限于文字文化，同时也包括视觉文化。纯语言文字的翻译之功能也许在一定程度上可以由机器翻译来取代，而文化层面的意义阐释和再现则只能由人来完成，因为只有人才能最为恰当地把握文化的微妙含义并加以确切地表达。

4. 文学语言与文化的关系探究

概括来说，语言与文化之间的关系是密不可分的。语言离不开文化这一载体，文化的重要组成部分是语言。不同的国家有着不同的语言习惯，语言是文化的一种表现形式。

跨文化的交流会受到文化差异的影响，语言对社会文化的发展有着很强的感知力，任何轻微的变化都会体现在语言中。语言既是文化的反映，又是掌握文化最直接的工具。

翻译与文化的关系更是紧密，翻译会涉及不同的文化因素，处理翻译的技巧也没有特定的规律可言。需要注意的是，翻译者对两种语言的使用能力以及理解能力，会直接影响到翻译的效果。这是在翻译过程中无法避免的，翻译肯定会涉及两种语言的文化差异，在了解本民族文化的基础上，也要了解到其他民族文化，比较两种文化之间的差异，这样才可以实现翻译的目的。

伴随着国际化交流的加深，没有绝对意义上的不受外来文化影响的文化。实现跨文化之间的交流，就必须借助翻译。翻译，架起了不同国家、民族之间的交流，丰富了文化的传播途径，促进了世界文明的发展。语言、文化、翻译之间息息相关。

语言是文化的重要组成部分，文化是语言活动的大环境。文化不仅仅反映在语言文字中，还应用于该语言文化民族的知识结构之中。语言中的文化因素与人们原有的文化意识相互作用，实现人们的交际需求。原有的文化环境一旦发生改变，文化与语言之间的关系就会受到影响。单纯地依靠语言自身的意义，很难实现交际目的，不同的文化只有依靠语言才可以传播、发展、延续。不同的文化因素都会在语言中寻找到依据，语言活动中处处体现着文化的印迹。

不同文化背景的人在进行交流的过程中，难免会产生误会。即便是使用的语言十分准确，也不免会产生误会。不同文化背景的人，使用词汇来表达自己的意愿与情感的过程中，会产生不同的意义。文化上的差异，稍有不注意，就会出现笑话，甚至是误会，伤害双方的情感。

文化上的差异常常会导致同样的意思表达，而产生不同的效果。语言不仅可以体现出一个民族的文化特征，还体现着一个民族的价值观与生活方式。文化具有多样性，语言也是如此。想要准确地掌握文化与语言上的区别并不是一件容易的事，因此，不同的文化交流才会产生差异，甚至是冲突。

学习另一种语言，也不是简单地学习词汇、语法，而是通过学习，获得对另一种文化的了解，即了解使用这种语言的人的价值观念、生活方式、思维方式。通俗来讲就是了解他们的社会文化，这样来看，语言与文化的学习是密不可分的。

（二）文化背景与选词用语的关系

即便是身处不同的文化背景，人类的思维方法与生活经历还是存在一定的共同点的；即便是两个完全不同的民族，使用完全不同的语言，也会出现一定的共同点。比如对时间的看法，不管是中国人还是美国人，都十分重视时间观念。不管是东方文化还是西方文化对时间的重视程度是一样的。同一种语言，一般情况下，熟语与该民族的文化存在一定的联系。针对两种语言中常见的熟语进行说明，如下所示。

首先，两个民族之间文化和思维的共性决定了两种语言惯用熟语中相同或者相似的喻体和联想意义。所以，英汉两种语言中有很多成语、俗语的喻体和联想具有很大的共同之处，有时几乎完全相同。例如：

露面 to show up

丢脸 to lose face

老手 an old hand

笑柄 a laughing stock

浑水摸鱼 to fish in troubled waters

火上浇油 to pour oil on the flame

隔墙有耳 walls have ears

趁热打铁 make hay while the sun shines

祸不单行 misfortunes seldom come alone

花钱如流水 to spend money like water

眼不见，心不烦 out of sight; out of mind

一只耳朵进，一只耳朵出 in one ear and out the other

岁月不等人。Time and tide wait for no man.

尽管英汉两种语言之间具有很大的共性，但是，不同的国家由于历史、文化、宗教、意识形态、社会制度等各方面的不同，在选择某些词汇和表达方式时也会大有不同。只有很好地把握这些不同之处，注意不同语言各自的表现方法，才能了解这些差异，防止表达错误，避免运用失当。从传统上来说，中国自古以农立国，农业人口多，所以用语多用农谚。例如：

槁木死灰 withered trees and dying embers

骨瘦如柴 be as lean as a rake; be as thin as a lath

对牛弹琴 play the lute to the ox; cast pearls before swine

瑞雪兆丰年。Timely snow augurs a good harvest.

众人拾柴火焰高。The flames rise high when everybody adds fuel to it.

和中国不同的是，英国靠近大海，这种地理位置决定了英国人喜欢航海和与大海有关的事，因此，英语中不少成语、俗语和海洋、航海等有关。如下所示：

Swim against the current. 逆流而上。

Hoist your sail when the wind is fair. 好风快扬帆。

Still waters run deep. 静水深流。

Shallow streams make most din. 浅流水声响。

In a calm sea, every man is a pilot. 海面平静，人人都可当舵手。

A small leak will sink a great ship. 小洞不堵要沉大船。

其次，由于各自风俗上的不同，一些汉英语言中的固定用语也有所不同。例如，猫头鹰在汉语中为不祥之物，英语中却有 as wise as an owl 的说法。

（三）文化内涵与词汇语义

语言最基本的元素是词，它是语义最基本的载体。人们在使用词语来表述客观世界时，所选取的符号是具有任意性的，任意性是相对于选取符号命名事物本身而言的，而不是指脱离社会发展。

不同的文化会给词语符号留下其特有的标记，赋予其特定的含义。相对应的文化意识也会影响语义的发展。在理解的过程中，对于同一种符号信息，发出者与接收者所理解的程度可能会出现差异。人们所接受的文化教育不同，在短时间不能准确地理解对方的文化内涵，也是可以理解的。

文化渗透到我们日常生活中的方方面面，人类从出生到成年，在不同的人生阶段，其思维方式、行为习惯、文化教育、价值观念都会出现变化，并不会保持一成不变。

1. 文化意识影响语义

词汇中蕴含着丰富的文化信息，文化的发展会影响词汇的意义。人们在赋予各种事物名称的时候，所选取的符号具有任意性，但是由于文化背景、风俗习惯、行为方式等因素的影响，导致所选取的符号有一定的规范性。例如，很多美国人都信奉基督教，英语中的星期五，就会使信教者自然而然地想到耶稣受难，对于星期五这个词汇，也会带有悲观的色彩，与此相反的是星期日，人们会联想到耶稣复活，自然这个词汇也就产生了积极的色彩。而在我国对于这两个词汇并没有特定的情感设定。

词的意义与运用也是在不断变化的，在这其中会受到文化意识的影响。例如，在英语中 actor（演员），这个词汇就出现了变化。在莎士比亚时代，演员的社会地位比较低，是不被人们所看好的职业，甚至是令人鄙夷的职业。但是随着时间的推移，到了影视时代，演员这一行业逐渐被人们所接受，地位发生了改变，得到了人们的尊重与理解。

2. 文化意识反映具体符号的意义

不同的文化意识对于同样的词汇会产生不同的反应，即便是对待同样的事物，不同的国家也有可能会产生截然相反的反应、思维上的差异并不意味着两种文化有着优劣之分。思维模式的不同，也就影响了对事物赋予意义不同。具体来讲，体现在以下几方面。

（1）跨文化交流中文化意识会影响词的意义

一种语言符号的编码必须借助另一种文化语言符号进行解码，信息编码不仅是一种符号信息，更是一种文化信息的传递。只是在解码的过程中，多多少少会出现一些意义上的改变。比如，中国的传统文化中的杜鹃与蝉，代表的是凄切、悲凉的文化含义。但是对于外国人来讲，这两种事物，并不具有这样的悲剧色彩。所以说理解“西陆蝉声唱，南冠客思侵”“红树蝉声满夕阳，白头相送悲相伤”这样的诗句，对外国人有一定的难度，他们只能通过翻译来理解，所以中国传统思维中对于这两种事物的理解，是很难在短时间被外国人接受的。

在中国文化中，经常使用蜡烛来代表教师，这是中国古诗中的典故，再加上，我国以往的婚礼中会出现红蜡烛来表示婚礼的喜庆。对于不了解中国传统文化的外国人来讲，是很难将蜡烛、教师、婚礼联系在一起的，他们只能想到生日蛋糕上的蜡烛或者是烛光晚餐。

（2）同一文化环境下，不同的交流环境会影响词的意义

使用语言的过程就是不断选择的过程，也是对词的意义进行不断选择的过程。这种选择一般是无意识的，相同的词语出现在不同的文化环境中，人们会选择合适的文化词语应用在合适的文化环境中，文化词语的使用必须要符合文化环境。

即便是相同的民族，在不同的地区、不同的情景下，也会有文化差异，形成亚文化群。一个国家也会有不同的文化，参照不同的标准会产生不同的文化划分，例如，乡村文化、市区文化、雇员文化等。英文中的“rope”，对于一般人来讲，是指绳子，但是对于拳击运动员来讲，就是运动场上的围绳。对于不同的职业的人来讲，同样的单词，会产生不同的文化内涵。

（3）词的内涵意义丰富的情景下，文化意识会影响词的意义

每一个单词在不同的国家与民族中代表着不同的含义，或是快乐，或是悲伤，或是美妙，或是悲哀。不管表达什么样的含义，不同的文化背景的人会产生不同的情感体验。

即便是同样的词汇，在不同文化修养的人的头脑中会产生不同的印象。即便是相同的文化内涵，所体现的文化内涵的情感也可能不同。例如，对“wolf”这个词汇的理解，英美人的理解更倾向于“下流”等含义，中国人更倾向于“凶残”这种含义。

（4）在没有对应词的情景下，文化意识也会影响语义

对于两种语言，都各自保有大量反映各自文化的词汇，这就出现了没有对应词的现象，其中很重要的一个原因便是文化意识的作用。例如，要想深刻理解“frontier”这个词，就必须熟悉美国的早期历史。早在1607年，英国人在北美的东部建立第一个殖民点。一直到1980年，美国统计局对外宣布，西部“frontier”消失。纵观美国早期的历史，可以说是波澜壮阔、浩浩荡荡，在历经了将近三个世纪的西进运动后，逐渐画上了句号。

在这一过程中，美国一直存在着一个不断向西移动的“frontier”，作为野

蛮与文明的分界线，它影响了美国历史的发展，也影响了美国人民的思维方式与性格，美国人的不断流动（mobility)、务实（materialism）、富有创造性（inventiveness）、注重个人价值（individualism）等都是对“frontier”的体现。

因为“frontier”这个词语包含的内容太多，汉语中没有办法使用准确的词语来表达它，好像“边疆”这个翻译可以，其实也不确切，因为“边疆”指的是靠近国界的全部领土，而且边疆在汉语中多半会使人想到艰苦的生活环境。再如，汉语中的“娶”和“嫁”是两个不同的概念，需用两个词表示，因为在中国的传统文化环境中男娶女嫁是有严格区分的，对于两个家庭来说也是有很大区别的，但在西方国家却更多地强调平等，所以只有“marry”一词，没有与“娶”和“嫁”分别对应的确切词汇。

不管是英文还是汉语都会存在一定的概念意义与文化内涵完全相同的词汇，这种词语可以使用直译的方法。除去这部分词语，还会有语义与文化内涵完全不相同的词语，主要表现在概念意义、内涵意义、搭配意义上。

概念意义是一个词的基本意义，不会与客观事物产生直接的联系。概念意义也是进行交流的关键，如果不能理解词语的概念意义，就不能顺利地进行交流，甚至还会产生误会与冲突。例如，汉语中的叔叔就是父亲的弟弟或者是比父亲年轻的长辈，但是英文中的“uncle”所指的范围明显要比汉语广，可以是父亲的哥哥或者是父亲的弟弟，也可以是母亲的哥哥或者是弟弟。再比如，英语的“drugstore”翻译成中文就是药店，但是与中国的药店有着明显的区别，因为英语中的药店不仅仅销售药品，还可以出售食品、饮料等。这就需要对概念意义的词语有基本的认识。

内涵意义是指超过概念意义以外的意义，一般情况下，会与客观事物有一定的联系。例如，“idealism”在英语中有两个常见的意义，第一个是唯心主义，英文中唯心主义没有任何的情感色彩，但是汉语中，属于贬义词语；第二个含义是理想主义，在汉语中一般是指脱离现实情况，具有贬义含义。再如，“politics”和“政治”，“girlfriend”和“女朋友”，“liberalism”和“自由主义”等，这些词语的内涵意义都不是完全相同的。

搭配意义是指词与词之间的横向组合关系，搭配一般也是遵循一定的规律的，不能随意搭配。举例说明，如下所示：

black coffee 浓咖啡

black tea 红茶

spring up like mushrooms 雨后春笋

二、文化背景与翻译语言

（一）文化传统与翻译语言

不管是在中国还是在其他国家，翻译活动已经存续了一段时间。中国最早的翻译活动可以追溯到汉代，西方的翻译历史可以追溯到公元前 3 世纪。翻译的本质是实现信息的交流与传递，实现不同语言之间的转换，是跨文化交流的一种实现途径。翻译的跨文化要求在翻译的过程中，对不同国家与民族的文化加以尊重与理解。语言与文化有着密切的关系，翻译语言也是翻译语言背后的文化。从不同的角度来探讨翻译中的文化问题。

1. 传统习俗

不同的文化背景决定了传统习俗上的差异，具体表现在节日习俗、婚姻习俗、饮食习俗等。例如，最常见的饮食习俗，中国的饮食文化源远流长，内涵丰富，很多菜名可以说是历史文化的积淀，依据约定俗成的表述，长此以往，中国已经适应了这样的表述，但是，对于其他国家的人来讲，在短时间内是不容易接受的，因此就会出现交流上的障碍。

词汇在翻译的过程中，可以配以适当的解释与说明，在翻译的过程中可以依据现实情况，具体问题具体分析，甚至可以使用拼音的方法，如果条件允许的话，可以加上适当的图片加以说明。不管怎么样，翻译的时候一定要准确，容易让人理解，不能过于难懂。

2. 文化意象

文化意象是指人们在不同的文化环境中，会对同样的事物产生不同的印象。文化意象是不同民族的文化积淀，在不同民族的发展过程中，会通过语言这一途径，反映出不同的价值观念、习俗、传统文化等。文化意象具有典型的民族性与独特性。

翻译就是为实现不同文化之间的交流，作为信息传播的过程，不能影响原文的意义表达，可以在确保准确性的基础上，使用适当的保留意象的方法，不同语言之间也是存在一定的相似性的，这样的情况下可以将原文的意象直接翻译出来，不会影响原文的表达。

值得注意的是，有一部分意象只能为一种文化所特有，如果翻译人员只是将字面意思翻译过来，没有进行适当的处理，就会造成读者的困扰。在这样的情况下，必须要进行适当的处理，这样才不会影响原文的表达效果。例如，汉语中的“身在曹营心在汉”，翻译成英文就是“although I work for he，my heart is for you”。英文中并没有关于这一段历史的记载，也没有相关的文学作品，如果进行直译，就会影响原文的含义表达，必须要改变意象表达，这样依然可以起到翻译的效果。成语典故也是文化意象的一种表现形式，在翻译的过程中一定要灵活，具体问题具体分析。如下所示：

抒情写意 lyric and nonobjective

经过大风大浪 going through ups and downs

不请自来 come suddenly

衣锦还乡 comeback to hometown in full glory

我心如月朗 my heart is as pure as the bright moon

通过上述的成语翻译，足以说明不同的文化意象具有一定的相似性，也具有一定的差异性。很多成语属于差异性意象成语，不能使用直译的翻译方法，要根据现实的情况，灵活掌握，使原文的文化现象与文化因素被更多的人所接受。

3. 价值理念

价值取向与价值判断都会经过一个漫长的过程，可以说是历史演变的结果。即便是对待相同的事物或者相同的现象，同一个民族也会出现不同的价值观念与价值判断。价值理念并不是一个很简单的价值观念，而是一个相对复杂的价值观念。

不同的文化之间的价值观念有着相同性与差异性，翻译工作者必须要重视不同价值观念上的差异，尊重与理解不同民族的价值观念。

翻译的过程中，既要体现源语文化特色，又要体现译语文化特色，以实现翻译文化的传播效果。价值理念还体现在审美方面。语言是文化的载体，文化与翻译的关系密切，人们开始认识到文化差异对翻译的影响，翻译作为一门跨文化活动，必须要注重翻译实践与其他文化因素的影响，这样翻译活动才可以朝着更好的方向发展。

（二）风土人情与翻译语言

风土人情比文化传统的地域更小，更难把握。“go to Reno”如果翻译成中文就是离婚，如果采用直译的方式，就是翻译成“到里诺去”。其中包含的一个文化因素就是，里诺是美国内华达州西部的一个城市，这个城市是以离婚率出名，所以翻译成中文就是离婚的含义。

不同民族对同样的现象或者事物，有着不同的态度或者是表达方式。比如，汉语中的东风，会让人联想到温暖，西风与东风的含义正好相反，透露出一种凄凉的感觉。英文与中文的情况正好相反，“biting east winds”（刺骨东风）；关于西风，则有梅斯菲尔德的“It’s a warm wind，the west wind，full of birds’ cries.”（那是一种温暖的风，西风吹时，万鸟争鸣）。

由此可见，东西方文化中关于两种风向有着不同的理解，这是因为地域差异。不同的地理位置会产生不同的文化理解，翻译与地理文化相关的内容，应该了解当地的民俗文化，否则翻译的内容会让人感到困惑甚至产生文化冲突。

（三）道德观念与翻译语言

道德是人们需要遵守的行为准则与规范，会对社会生活与社会成员起约束作用。不同的社会阶级会产生不同的道德观念，生活在不同时期的人们也会有不同的道德观念，如果对其他国家的道德观念不了解的话，是很难将原文的含义表达出来的。

第二节　语言的文化属性

一、语言影响文化

文化与语言的这种关系在中英两种文化和中英两种语言的对比中得到了充分的体现。众所周知，文化具有鲜明的民族性，中英两个民族的风俗习惯、思想观念、行为方式、文化背景等都具有一定的差异，这些差异导致语言上的差异，通过语言差异来反映两个民族的文化差异。

语言是文化的产物，也是文化的重要组成部分，如果单从文化的角度来看，语言具有重要的文化意义。

（一）语言是文化的基础

语言是思想的直接体现，特别是词汇最能敏感地反映生活和人类思想的变化。由于语言或词汇受文化的影响，所以用于表达的语言或词汇也必定深深打上了该文化的烙印，附带有其文化的含义或引申意义。

正是借助语言，文化的各个组成部分——政治、法律、教育、风俗习惯、宇宙观、艺术创造、思维方式等才得以薪火相传、代代不息。

（二）语言促进文化的发展

语言促进文化的发展，如果没有语言，就无法实现不同民族之间的交流，人类就不能学习其他民族的优势，也没有办法借鉴其他民族先进的知识与技能，甚至还会影响社会的发展。没有语言，就不能实现对先人知识与经验的传承与记载，后人就要从头开始，就不能推动社会向前发展，文化的发展自然也会停滞不前。由此看来，语言推动文化的发展。

二、语言反映文化

语言是文化的镜子，它直接反映文化的现实和内涵。一个文化的面貌可以在语言中得到体现。词汇是形式和意义的统一体，其意义主要有两大类——指示意义和引申意义。前者是指词汇的字面意义；后者是指词汇的隐含意义，也就是词语的文化内涵。前者较固定，后者则包括扩展意义或联想意义。语言词汇反映并受制于不同国家或民族的政治地理、价值观念、风俗习惯、文化心理和宗教信仰等因素。

（一）语言反映生存环境

文化的形成脱离不了自然地理环境的影响，特定的地理环境造就了特定的文化，特定文化反映在语言中形成特定的表达。例如，因纽特语中描写雪的词汇很多。因纽特人用不同的名词来表示“地上的雪”“正在落的雪”“正在堆积的雪”和“堆积的雪”等，这是因为他们居住在寒冷地带，不同形式的雪对他们的生活（旅行、狩猎、娱乐及其他活动）起着十分重要的作用。而英语中表述雪的词只有一个（snow），阿拉伯国家的语言中根本没有雪这个词，因为那儿不下雪，人们对雪是陌生的。

英语的习语中有“sudden as April shower”翻译成中文就是“骤如四月阵雨，突如其来”。依照中国人的传统思维，肯定会联想到夏雨，而不是春雨，产生这种理解上的差异主要是由两国地理位置上的差异造成的，中国与英国分别属于不同的半球，有着不同的自然地理气候，自然理解起来会有不同。

（二）语言反映风俗习惯

风俗习惯属于社会文化现象，是社会群体在长时间的共同生活中共同创造、共同遵守的生活习惯与行为方式。一般的风俗包括生活方式、行为习惯、社会礼仪、宗教信仰等。

英文中的“let one’s hair down”是放松的意思，在早期的英国，妇女不管是在什么样的场合，头发必须要向上梳理得很整齐，只有剩自己的时候，才可以将头发放下来，因此，这句话的含义才会被翻译成放松，如果不理解当地的风俗习惯，是很难理解的。

中国自古以来都格外重视礼仪，例如，常见的“礼尚往来”“先来后到”等，都体现了中国人的行为方式与处事态度，中国传统文化也注重人们之间的友好相处、互相帮助，中国最常见的对话开篇是“你吃饭了吗？”“你要去哪里？”等，这是中国很常见的对话形式，体现出彼此之间的关心，但是英国文化强调自我意识，因此他们并不会觉得这是一种关心，反而觉得是对个人隐私的一种侵犯。

（三）语言反映民族心理

语言作为民族文化的载体，体现出民族的心理，例如，中文中的嫂子，翻译成英文就是“sister-in-law”，单从翻译来看，这个单词与中文并没有什么联系，甚至不是完全对等的。在中文中嫂子是哥哥的妻子，但是在这个英文翻译中，并不能看出是哥哥的妻子。中国有着严格的家庭伦理观念，注重尊卑有序。而英语文化以法律的角度来看待家庭关系。

同一种词汇在不同的国家与民族会有着截然不同的含义表达，这也体现了不同的民族心理。英汉语言中，相同的动物，往往有着不同的含义表示。中国人喜欢的动物，并不代表英国人也喜欢。例如，英语中的“dog”与汉语中的“狗”，尽管它们的概念意义是相同的，但内涵意义却不一样。汉民族厌恶“狗”的文化心理自古有之，在汉语词汇中，由“狗”组成的词语大多含贬义，如走狗、狗腿子、丧家之犬、狗仗人势、狗急跳墙、狼心狗肺、狐朋狗友等。而英语中dog一词的中性用法很多，它常被用来泛指“人”，如a clever dog（聪明的人）、a lucky dog（幸运儿）、an old dog（年事已高的人或经验丰富的人）、to help a lame dog over a stile（助人于危难）等。

综上所述，语言是文化的组成部分，语言记载文化、传承文化、反映文化，二者密切相关、相辅相成。语言是文化的重要组成部分，也是实现人类交流的重要工具。语言的发展会受到社会文化的影响，如果对这一民族的文化不了解，就不能进行有效的交流，反之，文化也会影响语言的含义与结构，文化的变化也会带来语言上的变化，可能是词义的变化也可能是语法的变化。

随着时间的推移，以及社会的发展变化，我国经历了白话文运动、汉语拼音、普通话普及等，这些对于汉语的发展都产生了影响。新事物、新思潮的出现，外来文化的影响也使很多词汇的意义发生了巨大变化。

不管是在汉语还是在英语中，这样的例子俯拾皆是、不胜枚举。例如，“bug”原指虫子，现在的意思是“硬件或者软件中的漏洞（缺点）”；“hit”原指“打击”，现在的意思是“点击（进入某个网站）”等。英语中很多这样的例子，时代的发展会赋予这些词汇不同的含义。文化创造了这些词汇，同时也可以改变这些词汇的含义。词汇记录了文化的发展，体现出不同时代的文化特征。

第三节　文化与翻译

一、文化翻译的原则

（一）再现源语文化信息

文化和语言是相互影响、相互成就的关系。翻译过程实际上是文化信息传递的过程。在进行翻译时，译者再现源语言的文化信息，应当使用符合目的语的表达习惯对原文进行翻译，从而克服在翻译过程源语言对翻译的干扰，避免机械的翻译，保证译文的生动和流畅。

（二）再现源语文化特色

文化翻译不仅要再现源语文化信息，还要注意再现源语文化特色。在翻译时，译者既要保证字面信息的准确性，还要将源语文化传达给读者，保留源语言的文化特色，保证源语文化的完整性。

在对英语进行汉语的翻译时，译者有可能会自然地站在汉语的角度，对于翻译进行审视，这样做就容易造成翻译中出现错误，使读者对译文难以理解，阻碍和破坏了原文信息的传递。因此，对于译者来说，在进行翻译时，必须保持虚心的态度，积极思考，遇到有疑问的地方，应当谨慎处理，避免望文生义或机械的翻译。

二、语言文化的特征

（一）任意性与线条性

任意性是指语言符号与文字能指与所指之间的任意的连接关系，这种连接关系是不可论证的，即便是有所谓的可以论证，但是准确来讲，还是属于不可论证的关系。这也是世界上的语言丰富多彩的原因。

线条性是指语言的能指建立在声音的基础上，只有在一维的声音的空间中传播，不能突破声音的范围与能力。这就造成了语言使用与表达上的局限性，语言的声音性，就注定了语言的线条性是不能消失的。

（二）可变性与不可变性

语言处于一个不断发展的体系之中，这个体系既有稳定性，也存在一定的变动性。任何事物都会不断发展、不断变化，语言也不会例外。语言系统的变化虽然不明显，但是会受到社会发展、文化等因素的影响，朝着更加实用、更加合理的方向发展。

语言内部的各个组成部分有着不同方式、不同形态的变化，变化的速度与质量自然也是不相同的。通过对以往的研究，对语言规律的掌握越来越清晰，甚至可以简单预测语言的变化规律。人类对语言越来越关注，使得越来越多的语言变化有据可依、有迹可循。

（三）符号性与系统性

符号的本质是社会的，在某种程度上会规避一些小圈子的意识，也是语言最主要的特征，是社会上的集体意识的习惯，没有所谓的好坏之分，只是取决于使用哪一种表达方式。

语言符号是一种包含着两面性的实体，一方面语言表示事物的名称，另一方面是语言要依托声音这一媒介表达所指，具有系统性。

（四）继承性与交际性

语言可以看作人类文化得以传承与发展的有效载体。语言在发展的过程中，慢慢地体现出继承性与交际性。

语言在发展的过程中，显示了强大的交际功能，通过交际来应对不同的变化，使语言的表达更具意义。

语言通过自己的风格来吸引人们，人们会不自觉地使用语言这一工具，达到传承的效果，通过语言继承文化，通过语言实现沟通与交流。

三、习语文化与翻译

（一）习语的定义

习语又称熟语，从广义上说，它包括的内容比较多，歇后语、成语、俗语、格言等都属于习语，是一种在意义上与结构上都比较稳定的语言结构。

由于不同的文化背景、风俗习惯、民族信仰等，汉语与英语承载着不同的民族文化，处理文化差异也成为习语翻译成功的关键，通过习语可以鲜明地反映出民族文化的特点。

（二）习语的文化差异

习语的文化差异体现在多个方面，习俗文化、地域文化以及历史文化上的差异，如下所示。

1. 习俗文化

习俗文化是贯穿在日常生活中，由民族的风俗习惯性所形成的文化。例如，汉语文化对马具有一种偏爱的情感，不管是成语还是习语都体现出一种褒义情感。再加上，马在战争与农业中具有重要的地位，于是就有了马到成功、万马奔腾、老马识途等成语。

英语中的马，更多的是一种中性意义的动物，这与民族历史和风俗习惯是紧密联系的。如下所示：

work like a horse 辛辛苦苦地干活

horse around 捣蛋、哄闹

That is a horse of another color. 那完全是风马牛不相及的事。

通过上面的例子可以看出，英语对马没有汉语文化中那么强烈的情感色彩，马属于中性意义的动物。

2. 地域文化

地域文化是指语言存在于一定的空间地域中，它会不自觉地反映所在地区的自然面貌。不同地域的自然景观与生态环境中会存在不同的特点，落实到语言中，不同的语言也会使用自然景观或者当地的事物进行比喻，因此语言之间也会存在一定的差异。

比如，有眼不识泰山，其中泰山是中国所特有的。这句话就是借用中国的泰山来比喻具有重要地位的人物。除此之外，还有不到黄河不死心，黄河也是中国特有的地理事物。英国作为一个典型的海洋国家，其语言中与大海、水手相关的习语就特别多。如下所示：

all at sea 不知所措

as close as an oyster 守口如瓶

have an anchor to wind ward 未雨绸缪

3. 历史文化

历史文化是特定历史发展的过程中社会遗产沉淀所形成的文化。历史文化的重要组成部分为历史典故，历史典故是民族文化中的重要组成部分，具有丰富的历史文化信息，可以体现出不同的历史文化特点。

（三）习语的翻译方法

在习语的翻译中，最常见的翻译方法是直译与意译。英汉语言中确实存在一部分习语是完全对应的，它们不仅喻体相同，连喻义也是相同的，可以说是从字面到内涵都传递相同的意义，这种习语可以使用直译的翻译方法。如下所示：

Constant dropping wears the stone. 滴水穿石。

A rolling stone gathers no moss. 滚石不生苔。

不同的习语有着不同的文化来源，语言可以接受外来文化，很多习语都可以从其他语言中移植来，慢慢地成为该文化的重要组成部分。例如，汉语中的“武装到牙齿”（be armed to the teeth）是从英语中移植过来的，英文中的“paper tiger”（纸老虎）也是从汉语中借鉴过去的。

上面这种类型的习语通常会采用直译翻译，会保存原来的字面意思甚至是隐含意义，看的人也会更容易理解，成为一种更容易让人接受的翻译方法。

由于文化背景的不同，很多外国习语中的特定的形象与比喻，是很难找到准确的汉语来对应的。在翻译的过程中，应该准确地把握源语，不能只停留在表面，更应该进行深层的研究。毕竟，中文与英文中形式与含义都对应的习语不多，大部分是要在翻译的过程中，进行转换、替换、归化。

英语习语中的“as merry as a cricket”，其中“cricket”在中文与英文中具有不同的含义。蟋蟀在中国文化中常常与忧伤、凄凉相联系，在英国文化中却是截然相反的，具有欢快的含义。上面的这句话翻译成中文就是“快活如神仙”，不能将中国文化中对蟋蟀的情感色彩放在翻译中。

汉语中的“热锅上的蚂蚁”表示着急又狼狈，在英语中却使用“a cat on hot bricks”来表示。这里并没有使用蚂蚁，而是使用猫这一动物来做形容，虽然这两种语言没有使用相同的喻体，但是却表达了相同的含义。虽然在翻译的过程中更换了形象，但是却更容易让读者所理解。将“天有不测风云”翻译成英文，如果只是将表面意思翻译出来，会让英文读者一头雾水，很难理解汉语中的“风云”的含义，必须要将隐含的含义的意思翻译出来，才可以让读者理解。

一般来看，带有典故的习语通常会采用意译，因为采用直译的方法虽然不会产生文化冲突，但是会造成理解上的困难，甚至是误会，不能实现翻译的目的。

意译也是翻译的一种方式，可以体现出不同的文化特色，例如，日本认为樱花最美、最为出色，而在中国“人中俊杰数吕布，马中之骏数赤兔”也是表达最出色的含义。同样是表达一种含义，由于不同的历史背景，会带有不同的文化特色。

习语是文化的产物，翻译工作者要在研究母语的基础上，对比不同的国家与民族的习语，避免出现因本族文化观念的影响对其他民族的文化产生误解。只有理解不同的文化，才可以将翻译的真谛体现出来。只有使用灵活的翻译方法，才可以更好地翻译习语。

四、广告文化与翻译

（一）广告中的文化的差异

在当今时代，广告也成为人们日常生活中的一部分，广告可以说是无处不在。随着我国对外交流的增加，不同国家与民族的广告也频繁地出现在我们的生活中。

广告中的文化差异也体现着语言文化背景的不同，不同文化背景的人们对于相同的语言信息的理解也会存在差异，甚至是完全不同的理解。广告翻译中会涉及两种文化差异，也会形成不同的翻译问题。

广告翻译必须要考虑到广告中带有浓厚文化色彩的使用方法、风俗习惯、典故、思维方式等，在翻译的过程中必须要进行适当的调整，不能生搬硬套，也不能一味地使用直译的方法，要按照当地国家的语言习惯进行翻译，注意中外文化的双向交流。广告中的文化差异主要体现在以下几方面。

1. 价值观念

中国的传统历史文化强调集体主义思想，因此造就了人们的求同心理，在很难做出决定的时候，人们往往喜欢追随大部分人。中国人喜欢求同，也就是说，做的人多了就会产生效应，带动更多的人去做。

大多数人会认为对别人有好处，自然也会对自己有好处。这样的价值观念在广告中也有着明确的体现，中国的广告中经常会传递一种思想，就是这种产品适合于大多数人。人们会认为既然适合所有人，自然也会适合自己，肯定是对自己有益处的。很多广告会将全体消费者作为整体，以获取商业利益。

美国的文化与中国文化具有本质上的区别，美国崇尚个人主义，美国价值观念的核心是个人至上。如果在广告中将中国的思维传播出去，肯定不会获得理想的效果，美国的广告文化需要宣传个人观念，重点突出产品的特殊性，要让消费者产生该产品适合自己的思维，“especially for you”这种词汇出现的频率特别高。

2. 传统与创新

中国历史悠久，具有几千年的历史，传统的文化与思维方式对当今社会也有着影响。悠久的历史与文化传统具有一定的价值。中国的广告中经常会出现“历史悠久”“传统”这样的字眼，特意制造出一种文化气息，吸引消费者购买。

美国与我国正好相反，美国并没有我国那样几千年的历史，不需要怀旧，他们提倡的是进步与科技，人们追求的也是与时俱进。美国崇尚科技，勇于改造，他们相信人类可以通过自己的力量改善生活，相信明天会比今天更好。他们愿意接受变革，乐于接受新的产品、新的服务。这样的心理，在广告中也有体现。针对美国市场的广告中经常会出现“new-improved”这样的词汇，体现出产品的科技感与时代感，体现出产品的新。这样可以满足消费者的消费心理，以及他们的消费需求。

3. 金钱观念

东西方的金钱观念也有着本质上的区别。西方人重视金钱，这是他们的价值观，对涉及金钱的问题极其敏感。中国人对于金钱没有西方人那么敏感，中国会将“贵”与高质量、高水平相结合。很多产品会特地强调该产品的质量与价格，由于中国受传统观念上的“好货不便宜，便宜无好货”的影响，即便是价格昂贵，也不会影响人们的购买积极性。在处理关于金钱的广告词汇时，需要注意东西方之间的文化差异。

（二）广告文化的翻译对策

对于跨文化交流中所产生的文化差异，进行广告翻译时要加以注意，广告翻译必须要考虑到利益问题。广告要面向消费者，要迎合人们的审美趋势，尽可能地与译语文化相接近，不仅要做到翻译准确，还要翻译出美感。广告翻译的策略一般包括以下几方面内容。

1. 音意结合

音意结合就是在音译的基础上，将原本的含义翻译出来，再进行创新，既可以体现商品的特性，又可以吸引消费者。例如，运动鞋品牌“回力”，翻译成英文就是“Warrior”，既体现出了文化翻译，又体现出了文字翻译，是音意结合的典范，在英文中的发音与中文发音相接近，而且含义也接近。

2. 文化转换

为了将原文信息传递给更多人，使读者更容易理解，更容易接受，需要在翻译的过程中进行适当的处理。

因为文化上的差异，直译有时会让人产生疑惑、尴尬，甚至是误会，所以在翻译的过程中需要进行适当的处理。例如，中国菜中有一道菜叫作“红烧牛鞭”，翻译成英文就不能使用直译的方法，会让外国人产生误会，因此不能翻译成“ox-whip”要翻译成“ox-tail”，这样的翻译才有意义。翻译的时候不能只求准确，也要考虑到实际情况，要选择具有积极意义的词语。在翻译的过程中，应该尽量替换掉让人产生误解的词汇，顺应对方的文化习惯。

综上所述，不同的文化差异会产生不同的文化现象，再加上广告的特殊性，因此没有固定的规律可以依据。广告翻译是一件极其复杂的事情，在广告翻译的过程中要注重国家与民族的文化差异，这样才可以将产品推销出去，树立良好的企业形象。广告翻译不是直译，需要有一定的技巧，应灵活应用，不断创新，跨越文化的鸿沟。

五、中医文化与翻译

在我国，中医不仅是一种救死扶伤的技术，还是一种文化的积淀。文化在中医翻译过程中的处理，得到了越来越多的关注。翻译既要忠于源语的表达，又要尊重源语的文化。

由于中文跟英文存在一定的差异，两种语言属于两种不同的文化体系，文化上的差异造就了翻译上的问题。在翻译中医文化时，如何处理这样的冲突与差异，就成了一个重要的研究方向。

中医与西医有着本质上的区别，翻译不仅仅是将语言进行传递，更是将中医药所在的文化与技术传递给西方，造福更多的人，这就要求在翻译的过程中，了解中国的中医文化，了解中国的文化，将中医术语与中医文化融会贯通，把握中医术语翻译的过程。

中医文化的翻译经历了拼音、音译、意译、音意结合的过程，是一个不断探索的过程。即便是相同的病症也会出现不同术语，一个术语甚至会包含很多的病症，在最初的翻译活动中，给翻译人员带来了困扰。

中医术语需要多个英语词组表达它的文学范畴与科技范畴，这样的现象在中医翻译中随处可见。中医术语具有极高的概括性与包容性，在翻译的过程中要加以注意，寻求到医学治疗中的关键点。例如，中医中常用的"虚"和"实"，作为固定的术语，在不同情况下，所代表的含义也是不同的，很难使用固定的英文词汇来表达。下面以"虚"来举例。

①象征性的指脏腑"虚"时，使用"asthenia"。

②"deficiency"是代表脏器有实质性的缺损。

③功能性的"虚"，则可以译作"hypofunction"。

④阴阳、气血之"虚"，亦可译作"deficiency"。

⑤体虚之"虚"则应译作"weakness"。

想要实现这样的翻译，就需要对中国的医学文化有着清晰的认知，理解中医术语的含义。中医术语的很多词汇含义交叉、应用灵活，又是固定术语的必要组成部分。中医在实际的翻译过程中，一定要立足于特定的语境之中，根据具体的情况、具体的效果，翻译成英文，不能以偏概全。

依据正确的翻译，西方人在实施中医技术的过程中，也会理解中医的文化内涵。当他们了解到中医的一个术语就包含多层的含义与知识后，就会更加深入地了解中医文化知识。中医文化的翻译，通常会采用直译的方法，或者是采用以功效为主的翻译方法。在中医文化中还会涉及一种翻译方法，那就是具有修辞色彩的术语。如下所示：

①玉女煎译为"Jade Maid Decoction"。

②再造散译为"Recreation Powder"。

上述翻译不仅准确，而且简单明了，通过翻译将修辞手法准确地体现出来，符合原来的信息要求，翻译力求起到对原有功效的解释、说明的作用，体现实用性与信息性。

不同的民族有着自己的民族文化，中医文化是中国医学的文化体现。从某种意义上看，西方接受中医的同时，也是在接受中国的医学文化，以及中国的文化。很多中国术语通过拼音的方式得以体现，并得到了西方的认同与理解，想要进一步地了解这些术语，必须了解中医的文化内涵。

在翻译的过程中，有的人会故意迎合西方人的语言理解方式，强行套用西医术语，这会给人造成一种假象，表面看起来好像没有什么问题，实际上却是缺少文化特色，在无形之中将中国特色的医学文化磨灭掉。中医的语言特色与西医的语言特色有着本质的区别，造成了在翻译中医药资料时的困难。既要准确地表达中国医学文化的特色，又要使国外的学者容易接受理解，这显然具有一定的困难，只有经过不断地研究与翻译实践才可以做到。中医的翻译还有很长的一段路要走，我们要坚持以中医为核心，展开深层次的研究，提高中医文化的翻译质量，为中国医学在世界上的传播做出贡献。

六、文化差异对翻译的影响

（一）文化信息传递

1. 文化信息传递与翻译的关系

语言不仅仅是一种符号，更是一种沟通与交流的工具。语言作为文化的重要组成部分，承载了大量的文化信息。翻译不仅是语言符号的转化活动，还是一种文化信息传递活动。

翻译是架起两种文化之间沟通的桥梁。想要获得成功的翻译效果，不仅需要熟练地掌握两种语言，还要了解这两种语言背后的文化。语言只有在文化中才会有意义，翻译不仅是语言的传递，更是文化的传递，只有实现文化之间的交流，才可以实现翻译的跨文化交际。

2. 文化信息传递的重要性

不同的社会背景，会形成不同的社会结构、风俗习惯、生活方式、思维方式等。我国与英美国家之间由于社会结构、地理环境、民族历史、生活方式等不同，形成了较大的文化差异，反映到语言上，在词汇的理解和运用、句式结构以及语篇内容排列等方面都存在差异。因此，在翻译过程中要考虑原文的文化信息，并以目的语的读者易于理解的表达方式传递出来。如果不注重原文的文化信息，就容易出现错译。

英语翻译不仅要关注表层形式的对等，还要实现其在深层功能上的对等，并不仅仅是结构上的对等，而是原作者所要表达的真正的信息、风格和功能的对等，也即译入语文本与原文本在效果上的对等，在语义、文化、风格等信息上的对等。在信息对等的要求下，翻译不应当仅在字面上实现语码的转换，而是在正确传达原文基本信息的前提下，强调突出表达原文本的交际意图以及译文在目的语语境中的交际功能。

（二）影响文化信息传递的因素

1. 习惯表达

英汉两种语言的习惯表达各具特色，蕴含着丰富的文化信息。因此，在翻译时，译者要考虑英汉语言的习惯表达，实现文化信息传递。要实现文化信息传递，就必须对两种语言的文化进行对比，在两种文化的习惯表达中寻找对等语。例如，一个耳熟能详的短语 rest room，这个短语中 rest 的意思是休息，room 的意思是房间，但是不能将 rest room 翻译成休息室。rest room 在口语中是厕所的意思。英语国家的人不想把厕所说得那么明显，所以就用 rest room 来替代，等同于我国将厕所称为洗手间。

2. 历史典故

由于英汉两种语言的文化背景大相径庭，涉及历史典故的翻译难度较大，目的语读者可能难以理解历史典故的喻义。例如，汉语中的“东施效颦”“请君入瓮”“草船借箭”等历史典故具有特定的文化来源。因此，要把握好历史典故的文化信息传递。

（三）文化失真现象

1. 文化失真现象的含义

文化是人类所创造的物质财富和精神财富的总和，是人类文明进步的重要成果。随着经济全球化的发展，各国之间的交流日益频繁，推动着各国文化之间的相互交流与融合。无论是中国还是西方国家，翻译活动都已经有上千年的历史。翻译活动记录了人们在政治、经济、文化、科技、军事等方面的交流。例如，鉴真东渡、郑和下西洋、哥伦布发现新大陆、马可·波罗东游、中国四大发明的传播、西方“自由”“民族”“平等”等思想的传播，在这些活动中，翻译都发挥了重要作用。

各国由于社会背景不同，所形成的文化也存在很大差异。因此，在翻译过程中容易出现文化失真现象，使得读者在接触译文时无法理解或产生误解，对文化交流产生负面影响。翻译中的文化失真现象，是指在跨文化交际过程中，由于一方的文化信息在翻译后，造成另一方接受者无法理解或产生误解的一种文化丧失或扭曲现象。

2. 文化失真现象的应对策略

（1）扎实语言基础

译者首先要扎实语言基础，不仅要增强汉语功底，还要提高英语水平。只有掌握足够的翻译技巧与方法，并进行翻译实践，积累足够的翻译经验，才能做到汉语与英语之间的灵活转换。

（2）学习外国文化

多接触和了解外国的文化，有意识地把它与本国文化进行比较。译者要特别留意文化中的禁忌，了解哪些文化在一方是正面形象，但在另一方却是负面形象，哪些文化在一方是众所周知的，但在另一方却是闻所未闻的。译者可以通过浏览杂志、电视、电脑等方式，学习外国文化。

（3）提高个人修养

译者要树立正确的价值观念，提高个人修养，认真对待翻译过程。例如，面对不可避免的文化不可译现象，译者应实事求是，让读者了解不同文化的差异，切不可乱译。另外，译者不能随意修改源语言的文化信息，这会扩大文化失真现象的不利影响。

第三章　中西方的语言文化差异

一方水土养一方人，生活在不同地域的人与人之间必然存在着语言、思维和文化等方面的差异。要想完成得体的翻译，就应了解英汉语言和文化的相关知识。本章分为英汉思维方式差异、中西方文化差异、中西方生活差异、英汉文化移植四部分。

第一节　英汉思维方式差异

一、英汉思维方式比较

（一）汉语思维方式

1. 注重整体

中国传统哲学强调思维上的整体性，一般把天、地、人看作一个统一的整体，所以形成了“天人合一”的说法。中国人在思考问题的时候一般都从整体出发，全面观察事物，从而发现事物各方面的对应、对称和对立。

注重整体的思维方式反映到汉语上，就是汉语强调整体框架，汉语词语的语义在很大程度上是由上下文决定的，在整体中反映。汉语注重句子内部和句子之间的内在联系和整体性，依据意义上的连贯，句子之间可以少用或者不用连词，充分体现了中国人的整体思维方式。

2. 注重主体

客体和主体是哲学上的两个概念，两者往往是相对而言的。汉民族较注重主体思维，而西方民族则较注重客体思维。这两种思维模式差异在语言上表现为：汉语常用有灵主语，即用有生命的人和动物所充当的主语（或潜在的主语）；而英语则常用无灵主语，即用无生命的物体或抽象概念所充当的主语。汉语较多使用主动句，表达较主观；而英语中被动句的使用频率远远高于汉语，表达较客观。

英语中广泛使用被动语态，尤其是在科技文章、报刊文章中；汉语的被动语态使用的范围相对就很狭窄。汉语中广泛使用主动语态，而且使用主动语态表达"隐含"的被动意味。在汉语中，即使句子的主语不是人时，也常常表达了"隐含"的人这一主体。

3. 注重伦理

中国传统文化注重伦理道德，而儒家思想则把这种伦理道德内容理论化了。儒家思想维护"礼治"，提倡"德治"，重视"人治"，因此形成了重道轻器、重人文轻科学的思维传统。儒家思想对于中国人的一个重要影响就是重宗族和宗族关系，即重视辈分尊卑。所以在汉语中，体现辈分的亲属称谓要比英语中复杂得多。

4. 注重直觉

在中国传统哲学文化中，比较缺乏认知理性的概念，更注重的是悟性、直觉，少有涉及思维的逻辑性和抽象性；而西方哲学则比较关注理性认识，重视分析，注重实证，侧重通过大量实证的分析得出科学、客观的结论。汉语的直觉性在文言文中体现得尤为明显。

5. 注重形象思维

形象思维是用直观形象和表象来解决问题的一种思维方式。中国人形象思维的表现方式最为明显的就是古代的象形文字——是世界上最早的文字，也是最形象，演变至今保存最完好的一种文字。我国之前所用的繁体字就是由象形文字演变而来的，很好地体现了形象思维。在形象思维的影响下，汉语更倾向于用具体形象的概念来代替一个抽象的内容。

（二）英语思维方式

1. 注重个体

汉语为整体思维方式，而英语为个体思维方式。个体思维则指在思想上将一个完整的认知对象分解为各个组成部分，或者将它的各种属性、方面、联系分解开来。在西方文化中，崇尚"天人相分"的哲学观点，主张人与自然相对分立，将自然中的事物分解成各种部分，并从事物整体中分离出个别问题，逐步分析各个部分。这种思维方式的差异必然会形成不同的语言表达形式。

英美人虽然有时也会强调整体性，但是他们更关注的是整体中的个体，提倡个体主义。亚里士多德主张事物的本质存在于“一般的个体”中，不能脱离个别而存在，这对于现在英美人的思维产生了深刻的影响。英语注重语言形式上的连接和完整，具有很明显的形式结构，以求个体的满足和完善。

此外，以个体性为基点的西方思维模式，将完整的事物分解成若干部分进行研究，注重事实论证，强调逻辑分析，采取焦点式思维方式和直线型思维模式。这些差异是英语语言文字诱导、暗示的结果。

英语的拼音文字不容易引起现实世界中的联想。因此，受抽象思维的影响，西方人的思维方式具有明显的直接性。西方人的语言表达具有干脆利落、直截了当的特点。因此，西方人在写文章时习惯开门见山，首先阐明主题，接着围绕主题展开论述。

西方人主张“天人相分”，事物之间是相互独立的，因此他们认为直接表达优于间接表达。无论是在日常生活中，还是商务、外交活动中，西方人总是表现得较为直接，很少有寒暄之类的过场，态度鲜明，直奔主题，语言直截了当。

2. 注重客体

客体是指主体以外的客观事物，是主体认识和实践的对象。在西方哲学中，主张理性，将主体和客体分离，从而对事物进行理性分析，形成概念。西方崇尚自然、认识自然、探索自然，这种物本文化的长期积淀形成了西方人客体型的思维方式。

3. 注重认知

英美人由于其特殊的海洋性的地理环境，形成了一种不同于中国的文化，他们更加倾向于传统的探索自然的认知。简单来说，英美传统文化就是在人与自然的对立关系中不断加深对世界的认知。他们思维的中心在于认知自然，追究宇宙起源，探索万物本质，分析自然构造，寻求物质元素等。因此，在这样的传统之下形成了重科学、重认知的思维方式。

4. 注重实证

中国人重直觉，所以汉语的语法显隐性，比较模糊；而在英语中，人们重视实证和逻辑理念，具有严谨的语法形式。逻辑思维又称作理论思维，是人们借助推理、判断以及概念等思维方式，能动地认识客观世界的过程。英美人注重逻辑思维，一般经过表象感觉后，逐步开始判断、推理，进而上升到抽象的逻辑思考。英语中有着严格的逻辑关系和严谨的语法结构，充分体现了英美人的逻辑性风格。

英语是分析型的理性语言，句中的词语或分句之间用语言形式手段连接起来，其关联照应手段是显性的、多样的。而汉语是综合型的直感语言，句子词语或分句之间的连接是隐性的，较少使用语言形式手段连接，甚至不使用，语法关系要靠读者或听者自己去领会，尤其在表现动作和事物的关系上，几乎全赖“意会”，不靠“言传”。

5. 注重抽象思维

西方人所擅长的思维形式是与外部世界的客观事物相脱离的抽象思维，是基于逻辑推理的逻辑思维。英语为拼音文字，强调了人智力的运行轨迹。英语的书写方式容易暗示人们去关注事物之间的联系。这种暗示与语法形式共同起作用，强化英语国家对逻辑关系的感知能力。

抽象的书写方式和语音形式使英语国家的人们容易脱离现实世界进行抽象思考，形成借助文字符号和语义联系的抽象思维。有学者称抽象思维为理性思维，即借助逻辑，采用推理、判断、实证、概念等思维形式，探索事物的本质，具有客观性、抽象性、逻辑性、分析性等特征。

英语的抽象思维特性注重理性分析和形式论证。抽象思维表现在英语语言的表达形式上，就是借助语言形式和词汇来实现句子的衔接。例如，“He is not honest， so he is not fit to be an accountant.”（他不诚实，不宜当会计）。在英文中，“so”和“he”是实现句子连接的重要部分，是不能省略的。但在汉语中，“他不诚实”已经足够说明他不适合当会计的原因。如果再翻译出“所以”就显得多余。因此在汉语中就省略了“so”和“he”。

汉语的具象思维强调含而不露，因此汉语中一般使用隐性含义来实现句子的连接，而不是借助语言形式手段。例如，“老师在等我，我必须走了。”这一句子中的因果关系是暗含的。在汉语中不必说明“因为”或者“所以”。但从英语的表达习惯来看，如果不表明两个分句之间的逻辑关系，直接翻译成“My teacher is expecting me，must be going now.”是不符合英语的表达习惯的。因此，需要添加“because”或“so”，以体现句子的连接关系。

二、思维方式差异对翻译的影响

（一）译文不合逻辑

传统的中国人仿佛是面朝过去站着，把已经发生的事情看成在前面，而把即将发生的事情放在后面。而英美人的说法则恰好相反。例如，某院校的一位外籍教师去资料室借书，临走时他用学得不多的汉语一本正经地对资料员说："这些书我大前天还给你。"这话令在场的几个中国教师捧腹大笑，并告诉他应说："大后天。"这个外籍教师感到不解。再如，中国人讲故事时会说"不过我们说到故事的后头去了"，而英美人这样说，"But we are getting ahead of the story."。由此可见，中西文化在思维方式和时间观念上的差异。

英汉民族的思维差异也体现在观察事物时的不同视角倾向。例如，中国人常说"您（先）请"，而英语的习惯说法却是"After you"。再如，汉语中的"打九折"，着眼于打折后的实际付款比例；而英语中则表达为"a ten percent discount"，着眼于打折的比例。

在英语和汉语中，对事物都有肯定和否定的表达方法。一般情况下，汉语和英语的肯定和否定表达方法是一致的。但受思维差异的影响，有时一种语言中的肯定表达可能是另一种语言中的否定表达。英语喜用肯定形式表否定意义，或用否定形式表肯定意义，同样表现为一种逆向思维的方式。针对这种情况，在翻译中可采用正反转换的方法。

（二）译文容易出错

由于西方注重抽象思维，因而在英语中经常使用抽象表达。而中国传统文化的重要特征之一是"尚象"，汉语中的抽象表达较少，且词语没有形态变化。因此英语中的许多抽象名词，在汉语中往往难以找到对应翻译。汉语中的具象表达较多，在英语中也难以找到对应翻译。如果生拉硬套地进行翻译的话，势必会使译文晦涩、费解。

英语中除了抽象名词的使用频率高之外，介词的使用也非常灵活，而汉语的灵活表达则多靠动词。英语中的很多抽象名词或介词可以转换为汉语中的动词，而汉语中的许多动词在翻译时可以转换成英语介词。

英语中约有 280 多个介词或介词短语，虽是虚词，但其含义丰富、用法灵活，表达和搭配能力都很强，因此在英美社会中盛行。在翻译时要把握好英语重介词这一类的虚词、汉语重动词这一类的实词的特点，做好虚实之间的转换。

（三）译文晦涩难懂

汉语是象形文字，属于意合语言，句与句之间主要依靠内部的逻辑关系结合在一起，组成段落。英语是拼音文字，属于形合语言，句子之间往往依附各种语言形式联系在一起，因此有各种语态、时态的变化。英语中通过添加词缀或合并词汇来表现词汇在词义、词类上的变化。

英语句子就像一棵大树，大树的主干就是主句，而树枝就是各种短语和从句。汉语句子就像一根竹子，根据因果顺序或动作发生的顺序等来排列句子，各个分句呈线性递进，逐步交代句子内容。英语句子通过句式变换来丰富句子的结构性变化，表达自己的观点，而汉语句子是竹竿型递进的。因此，在英汉翻译中经常需要调整句子结构。翻译时，一个由英语关联词及各种短语连接在一起的英语长句往往可以译成汉语的几个短句，而汉语流水句的英译则需对汉语进行逻辑梳理和组织调整，寻找串联它们的“联系”词。

句子结构的差异还表现在英汉句子重心的差异。形成差异的原因主要是汉民族重曲线思维，西方民族重直线思维。汉语的言语交往以“含蓄”为特点，说话或做文章习惯于先从侧面说明，交代好外围的环境衬托，最后才点出话语的中心意图。而西方人习惯于在表达思想时，直截了当地把要点放在句首先说出，然后再把其他要素添入。

【示例】上星期这个外国人从上海坐火车经南京来到郑州。

The foreigner came to Zhengzhou from Shanghai through Nanjing by train last week.

翻译成英语时必须按照西方思维的习惯，先讲结论即来到郑州，然后才讲从哪儿来，经过哪里，乘坐的交通工具，最后讲时间。

三、克服思维方式差异的途径

思维方式的差异会影响语言的表达方式。翻译不仅是两种语言的转换，还是两种思维方式的转换。只有深刻理解英汉思维方式的差异，才能减少思维方式差异带来的负面影响。可采取以下几种方式来克服思维方式差异对翻译的负面影响，提高翻译质量。

（一）培养抽象思维

中方注重形象思维，西方注重抽象思维，这就要求译者要培养抽象思维能力，从而为准确地互译打下基础。在英语中，抽象表达使用广泛，抽象表达法主要见于大量使用抽象名词。例如，要表达“没过几年我把英语全忘了”，美国人会这么说“In later years English has totally escaped from my memory.”。这个表达就符合西方的思维方式，更生动、简洁。因此，译者要掌握英语词义抽象化的手段，做英译汉时，能化虚为实；做汉译英时，能化实为虚。

（二）提高主客体意识

中国人重视人的伦理生活，思维往往指向自身，寻求人与自然的和谐，是一种本体性思维。西方人注重客体思维，思维指向外界，因此英语中多用无生命名词充当主语（无人称主语句），被动形式使用也很多。例如，“他突然想起了一个主意”这个句子可以表达为“An idea suddenly occurred to him.”。原文中“他”是主语，而译文中用“idea”作主语，体现了中西思维的主客体差异。

（三）增强形式逻辑

中国人重形象思维，借助直觉去体会，表现在语言上是以“意”统形；英美人重逻辑思维，反映在语言上是以“形”见长，句子结构分明。因此，在英汉翻译中，要注意两种语言的组织结构和逻辑性。

（四）加强对比研究

译者要扎实英语语言和文化基础，提高汉语水平，有意识地进行两种语言的对比研究。由于思维与语言相互依存，因此在克服思维方式的影响时，既要考虑思维方式因素，还有考虑文化因素。译者要对英汉两种语言进行语义系统、语言结构、文体形式、历史文化等方面的对比研究，只有这样才能更有效地克服翻译过程中思维差异的影响。

第二节　中西方文化差异

一、中英语言差异

（一）语言

语言是由一个个文字组成的，文字就如同一个个符号，在语言交际中起着重要的作用。文字是随着人类社会的发展而出现的，这主要是由于语言通过声音信息传递时，是稍纵即逝的，是无法保存的，如果将文字作为视觉信息，那么文字就能够保存下来了。但是中西文字的差异很大，表现为以下两个方面。

1. 表意语言

我国文字就是表意文字。表意文字是指我国汉字是由不同的笔画组合成的，正是由于汉字是由不同笔画组成的才使得汉字有不同的呈现形式。汉字构成的结构方式有很多种，如上下结构、内外结构、左右结构等。我国文字正是有了这么多种构成方式，才使汉字既能够保持丰富性，又能够有规律性。

2. 拼音语言

西方文字属于拼音文字，他们的文字主要是以拼音字母排列而成的。西方文字的组合顺序虽然是有规律性的，但是和汉字比较缺略显枯燥。所以这就是我国文字和西方文字表面上的不同。

文字的出现，使人们的语言能够记录并保存下来。无论是中国的汉字还是西方的拼音文字，文字的产生都象征着人类社会的发展。文字从听觉信息转变为视觉信息，也对人类文化的传承起到了深远的影响。

（二）文字

1. 文字中心

在汉语文字中，一句话是由多个文字组成的，并且以文字为中心，所以可以说汉语文字是一种立体的建筑型文字。在我国汉语有多种形象性因素，所以我国文化是以语言形式为主的。我国文化属于文字导向型文化，所以文字学在我国发展的几千年以来尤为兴盛。

我国语言是多向综合性的，但是更加追求自然性，在我国语言中以“我”为主。我国语言文字中自身就具备一定的思维功能，通过对其研究发现我国文字是一种相互平衡、相互制约的思维模式。

2. 语音中心

西方文字中符号化因素比较重，他们的文字以语音为中心，属于单向推理性的思维模式。西方文化始于语言导向型文化，他们以语法为主，所以西方国家人民学习语法的能力是非常强的，西方语言过多强调语法，而我国语言比较注重语言的随意性。

二、中西语法差别

语法差别可以分为两个方面，即词法差别和句法差别。

（一）词法

词在语言中是最主要的，多个词能组成一句语言，词就如同构建大厦的砖瓦，可见词在语言中的地位。

英语和汉语有相同的词类，汉语中有 11 种词类，而英语则有 10 种词类。英语和汉语在实词和虚词中都是一样的，但是在象声词中英语有冠词，而汉语是没有的。汉语中有助词、量词和语气词，这些是英语中所没有的。不同的词类在不同的句子中，充当的作用不同。

汉语言文字没有性、数、格、时态、前缀、后缀等，这既是优点，又是缺点。优点是使得汉字的定位功能相对灵活，甚至可以有“回文诗”，正念、倒念都可以，这使汉字的创造性很高。而印欧语系有严格的性、数、格、时态、前缀、后缀，以及主谓宾定补状，虽然看似定位功能很强，但是也意味着比较机械。例如，拉丁语中每一个词后面都要跟一个符号来表示这个词的词性和词态。

（二）句法

英语和汉语的语句也是不同的，在英语语句中多为形合句，而在汉语语句中多为意合句，并且汉语语句喜欢使用短句，这是英语和汉语两种语言在语句上的主要差别。英语多为形合句主要是指在英语句子中大多数句子都是由各种短语、从句组合而成的，并且在英语语句中如果句中存在介词和分词，那么这些词在英语中也是起到形合的作用。

此外，在英语语句中虽然句中使用了各种成分，但是成分之间也能体现出主从分明的特点。从句子的角度看，人们在说汉语时，对语句的理解常常是凭借他们对语义的关系而阐述的。汉语语句中，各个成分之间或句子之间应少用连接语，多依靠语义贯穿语句，使句子结构简短而精悍。

汉语和英语的句法也有显著的不同，中文的句法不会拐弯抹角，可以说是全部走直线；而英语的句子有的过长，并且句子中有很长的定语，英语与汉语的行文习惯也是有所不同的，汉语讲求短而精简。西方语法是没有弹性的，是相对生硬的；而中国的语法是富有弹性的。

一般说来，汉语表达依照时间—地点—人物—缘由的顺序，也就是说，背景性的信息一般在前，越重要的越是靠后。定语和状语，在汉语中，定语往往位于中心词的前面，这就决定了定语的长度不可能太长，否则就会出现余光中所谓的“两头远得简直要害相思”。

在英汉翻译中，如果遇到太长的定语，一般有必要按照语义拆散，处理成一个个的小句。而在汉英翻译中，由于汉语的表达神聚而形散，就需要译者认真分析，找出中心词及其游离的定语，进行重组。有时看上去是主谓结构，其实可以处理成英语的定语和中心词的结构。

从一种语言转换成另一种语言，无论是英语到汉语还是汉语到英语，都要理清意群之间、句子之间，甚至段落之间的逻辑关系。我们说英语是一种很讲究逻辑和科学的语言，很多时候，句内的逻辑关系一目了然。但由于其形合的特征，短语套短语、句子套句子可不在少数，这时，译者就需要运用自己的判断力，理出那九曲十八弯的逻辑关系。

汉语的特点是多用流水句法，小句之间少有或根本就不用表示逻辑的连接词，译者更要用心理出它们之间的逻辑关系。还有的时候，作者惜墨如金，译者还得把没有道出的言外之意道出来。

1. 英语重结构，汉语重语义

有人曾说过，汉语和英语在句子的结构中就是不同的，中国语言是人治的、而西方国家的语言是法治的。

汉语和英语从语言整体结构和表达上有以下几点不同。

①汉语是一种意合性语言，而英语是一种形合性语言。

②汉语是由字和词连接的，表达方式是多种多样的。

③英语是固定的结构，并且英语比较注重形式。

④汉语句子是要看句子本身所表达的含义的。

⑤英语句子是通过时态、连接词和标点符号而呈现的。

2. 汉语重话题，英语重主谓结构

汉语语言的句子中，是没有逻辑主语的，人们在说话时，一般把想要表达的对象放在句首，将解释说明的对象放在句尾；而在英语中句子层次清晰，并且语句有基本的结构，一般将主语和谓语作为句子中的基本结构，借助语法来保持主语和谓语的协调一致，保证结构分明。

3. 英语多代词，汉语多名词

汉语语句中动词居多，而英语语句中名词和介词居多。

英语不仅有人称代词 we、you、he、they 等，还有关系代词 that、which 等，在比较长的英语句子中，为了避免表达的重复，往往会使用很多代词，当句子中运用到代词时，句子的结构能更加清晰。

在汉语语句中，由于句子结构松散并且相对较短，所以不能像英语一样使用过多代词。汉语中为了使语句更加清楚，往往会使用名词。

4. 英语多长句，汉语多短句

英语语言中更加注重语法的运用，所以只要句子结构没有出现错误，可以将许多句子组合成长句来表达；而汉语更加注重人的表达，所以汉语语言能够通过字词直接表达，不同的意思能够运用短句来表达。

正是由于这个原因，在翻译试题中，我们往往会发现在汉译英时，几乎都是比较短小的句子，而英译汉时都是长且复杂的句子。

5. 英语多变化，汉语多重复

英语句子中如果想表达相同的意思时，往往会变换表达方式。如果一个句子中想要表达多次"我认为"，第一次表达时可以用"I think"，如果第二次还想要表达"我认为"，再用"I think"就显得比较无趣，这时就可以换成"I imagine"或者"I believe"来表达。而在汉语语言中就没有英语语言中这么高的要求，很多英语中的变化表达译成重复表达就行了。

6. 英语多从句，汉语多分句

英语句子能够通过添加许多修饰词语使简单的句子变得修长，也可以使用从句将简单的句子变得复杂。英语中的句子往往可以使用连接词引导词与句子的其他成分连接，使整个句子看似错综复杂，但又是一个整体。

汉语语言中人们偏爱使用短句，并且汉语句子中表达结构比较松散，所以这点也是和英语语言有所不同的。

三、英汉语篇差异

（一）语篇结构对比

语篇的结构模式是人们在特定文化的具体语境中使用语言来完成交际目的的习惯方式。就严格意义来讲，语篇的构建方式与所使用的语言没有必然的联系。决定语篇构建方式的直接因素是文化，包括人们对客观世界的认知以及人与人之间的关系、人与社会之间关系等。文化因素直接决定人们构建语篇的性质与特点。

卡普兰认为，汉语语篇的"螺旋型"模式深受传统"八股文"的影响，并且认为八股文至今还影响着中国人的写作，在他的观点中，实际上是将语篇的结构模式归纳到文体特征的影响中了。

（二）语篇表达对比

比较而言，西方传统文化注重个体，交际双方是相对平等的。这样的文化观念也体现在个人写作之中，一般都是直抒胸臆，不拐弯抹角，很少掩饰。中国传统文化则恰好相反，中国传统文化注重群体观念，喜欢将个人的观点隐藏在群体观念之中，个体是否会被归属于群体，就要看双方的关系以及特征。中国人在写作过程中喜欢隐晦地表达自己的观点，更喜欢使用名人名言与成语来表达自己的写作意图，通过借鉴具有权威性的观点来获得他人的认可。

因此，语篇的差异与使用的语言之间的不同并无本质上的联系，而与人们对语言的使用，即话语，密切相关。使用不同的语言写成的语篇，其相似性有可能会大于使用同一语言写成语篇的相似性。即便是使用同一语言写成的语篇，其差异也有可能大于与另外一种语言语篇之间的差异。简单来说，英汉语篇之间也可能会存在某种相似，同样的语言的语篇，也会存在内部之间的差异，甚至还会出现大于另一种语言语篇的差异的现象。

总的来说，语篇结构之间的差异就是不同民族所接受的文化教育的差异。这已经成为不可否认的事实。尤其应该指出的是，不同民族语篇的结构差异实际上是不同风格的体现，没有高下、优劣之分。中国人常常是先摆事实、讲理由，然后再得出结论；而英美人一般是先表明自己的立场观点，然后再加以论证。就最终呈现的表达效果来讲，虽然使用的方式不同，但是呈现的效果一致。

在不同的传统文化的影响之下，东西方的思维方式与表达方式存在差异，因此会在跨文化交际中产生一些误解。例如，英美人时常认为中国人讲话不着边际，喜欢绕弯子；中国人觉得西方人那种刚认识就表达自己的立场有些不礼貌。

在当今世界的民族国家中，多元文化变异现象已成为普遍现实，民族文化早已不是同质的了，民族语言的界限也越来越多地被逾越。同时，今天的语言，尤其是那些使用范围广泛、使用者人数众多的语言也在不同国家、不同地区、不同群体中发生种种变异，形成众多的各不相同的话语系统，而这正是社会文化的多元化所致。文化上的不同导致语言使用上的不同，由此而产生了不同的话语系统，即语言使用上的变异这种情况的存在就要求人们应从跨语言、跨文化的角度出发来研究问题、发现问题。

四、称谓语的不同

在对陌生人进行称呼上中国人和西方人存在差异，在英语文化中他们对陌生人的称呼非常简单，Mr. 是对男子的统一称呼，Mrs. 是对已婚女士的统一称呼，Miss 是对未婚女士的称呼。汉语文化下对陌生人的称呼有时也像对亲属的称呼一样，但针对陌生人的年龄、身份等的差异，其称呼也各不相同，彼此有别。

在对亲属的称谓上中西方人也存在较大的差异。在英语文化中他们只是区别男性和女性，不会区分因为性别不同而出现的配偶双方的称谓差异，他们的“亲属”主要是以一个家庭为单位，把一代人看作一个称谓板块。例如，英语中对“爷爷、奶奶、外公、外婆”都会称呼为“grandfather、grandmother、grandparents”；对叔叔、伯伯、舅舅会称呼为“uncle”；对姑姑、阿姨、舅妈会称为“aunt”。我国对亲属的称谓会根据对方的性别、年龄、身份的差异进行称呼。

第三节　中西方生活方式差异

一、英汉生活方式差异

由于每个国家都有自己独特的文化，人们在英汉文化下的生活方式受文化因素的诸多影响，很多方面都存在着明显的差异。笔者将结合以下几方面进行具体分析。

（一）面对恭维时的态度差异

在英语和汉语两种不同的文化下，人们面对恭维时的态度也不同。

英语文化中人们面对别人的恭维时，一般不会推辞，大多表示谢意。

【示例】A：You can speak very good English.

B：Thank you.

A：The fish is delicious.

B：I am glad you like it.

我国受传统文化的影响，强调为人处世要保持谦虚严谨的态度，所以在汉语文化中当得到别人的肯定和夸奖时，往往会推辞。

【示例】甲：您的英语说得真不错。

乙：哪里，哪里，还不够好。

甲：你做的菜真好吃。

乙：过奖，过奖，做得不好，请见谅。

（二）询问和回避私事差异

英语文化和汉语文化对待私事问题方面也大不相同，英语文化中人们通常会回避私事问题，而汉语文化通常会“习惯性”与别人谈论涉及“隐私”的问题。

在英语文化中，人们受人本文化的影响，所以在行为和思想上会以个人为中心，觉得自己的利益和隐私是别人不能侵犯的，所以英语文化中认为个人隐私是十分重要的。在人与人的交流中通常会回避有关个人隐私的问题，如年龄、收入、宗教信仰、婚姻等，这些问题对于他们而言是属于禁忌的问题，如果在谈话中涉及这些问题，是十分没有礼貌的。

在汉语文化中重视集体主义，以团结友爱、互帮互助为集体主义观念，大多数人们受传统文化的影响，喜欢热闹、喜欢聚居，这样方便交流和增进情感。受到这种环境的影响，他们习惯与他人诉说自己的高兴或不悦，同时也愿意聆听别人的喜悦和难过。尤其是在我国传统习俗中，许多长辈或上司都喜欢询问晚辈或下属的收入、家庭婚姻等，这种行为通常会被理解成“关心”，并非是窥探别人的“隐私”。

（三）接收礼物的态度差异

在英语文化中当人们收到他人的礼物时，通常都会当着送礼物人的面拆开礼物，并在第一时间表示称赞。在汉语文化下当人们收到来自他们的礼物时，大多数会说一些推诿的言语。汉语文化下的人们都是在收到客人礼物时先把其放在一旁，待客人走后才会拆开。

二、英汉时空观念差异

（一）时间观念差异

1. 英语文化中的时间观念

英语文化中，很多句式是用将来时来呈现的，这是人们的一种时空观念。美国是一个有 200 多年历史的移民国家，相比于其他历史悠久的文明古国来说，历史是很短的。最早到达美洲大陆上的移民来自欧洲，这些人为美洲增添了“新鲜的血液”，随后美洲大陆逐渐被开辟，在这期间他们也形成了自己的文化，这种文化是根据欧洲基础文化改良形成的，虽然这种“新文化”源于欧洲文化但又不同于欧洲文化。在他们看来，时间失而不可复得，因此他们都不太留恋过去，而是更多地关注现实生活，抓紧每时每刻享受生活。在美国人的眼中，时间是有限的，这就使得他们具有了较强的时间观念。

2. 汉语文化中的时间观念

汉语文化下人们更喜欢表达过去时，这与英语文化中将来时的时间观念正好相反。

我国历史文化源远流长、博大精深，中国人以此为傲，十分重视历史。例如，汉语中的“前无古人，后无来者”“前所未有”“后继无人”等。

我国随着社会的发展，人们并不会过分地关注过去，也会更密切地关注未来，但是“过去”“历史”都会存在人们心中，或多或少地影响着人们的生活。

（二）空间观念差异

1. 英汉领地意识

领地意识是描述所有生物对自己领土的占有、保护和使用的意识。领地进一步可以分为两大类，一是个人领地，另一个是公共领域。英汉两种文化在领地意识方面的对比主要体现在以下几个方面。

（1）领地标识

由于中国是人口众多的大国，个人空间比较狭小，所以在我国习惯用一些物品和标志将公共场所和个人领地区分出来，例如，在我国随处可见的马路栏杆和小区外高大的围墙，而在西方国家是看不到这些的。

（2）领地占有欲

英语民族的人们对领地占有欲是非常强烈的，这种领地概念甚至延伸到了个人的物品中。他们非常注重个人的隐私问题，不愿意别人打探自己的隐私，即便是朋友和家人。

在汉语民族中，人们受传统文化的影响，愿意与其他人分享，且人们对隐私范围的意识相对较低，在中国人眼中认为不属于“隐私”的事情对于西方人来说就属于“隐私”。

（3）领地受侵犯时的反应

英汉两种文化下的人们在领地受到侵犯时的反应也存在明显的差异。受中国传统文化的影响，中国在领地受到侵犯时的反应较为温和。例如，当客人去家里做客时，客人可能会随意翻动主人的物品，主人常会不以为意。但在英语民族中，他们在领地受到侵犯时的反应较为激烈。例如，当有人排队加塞时，他们会强烈指责这种行为。

2. 英汉交往距离

交往距离指的是交往时双方之间的交际距离，这种距离也可以叫作“近体距离”，其中包括社会距离、公共距离和人情距离。英语文化和汉语文化中对于民族观念也存在较大的差异。

（1）英语文化下的交往距离

常年在英语文化国家生活的人们，习惯了地广人稀的生活环境，所以他们害怕拥挤的环境，在与他人交往时也会和他人保持一定的身体距离。例如，英国人在与他们交流时会保持一个很大的身体距离。

（2）汉语文化下的交往距离

在汉语文化中由于人口众多，所以人们大多生活在人口稠密的环境中，也适应了拥挤的环境，在与人交往时对于体距是没有过多要求的。

3. 英汉空间取向

空间取向是指交际各方在交往中所处的空间位置。在空间取向中，经常论及座位安排问题。下面对英汉两种文化在空间取向方面进行对比。

（1）就餐座位安排

在就餐座位安排上，英汉两种文化存在一些相同之处。一般情况下，家中的男性最高长辈坐在桌首位置，家庭主妇坐在靠近厨房的桌尾，其他家人坐在桌子的两侧位置。

英汉两种文化在就餐座位安排上还存在一些不同之处。汉语文化中以北为上，以南为下；英语文化中以右为上，以左为下。英语文化中以女主人为主，让主宾坐在女主人的右上方。

（2）会议座位安排

在会议座位安排方面，英汉两种文化中也存在一些异同点。在正式场合中，都是以右为上，还要面对面隔桌而坐。在非正式场合中，无论关系是否亲密，中国人都喜欢并肩就座；而西方人只有在关系十分亲密时才并肩就座。如果面对面就座，说明谈话比较严肃。

三、英汉饮食文化差异

人们常说“民以食为天”，食物能够为人们提供能量，人类的成长和发展是离不开饮食的。饮食不仅是物质动力，也是一种社会行为。由于各个国家、地区、民族间的环境、气候、宗教的不同，所以形成了不同的饮食文化，并且各个国家地区间饮食文化差异较大，具体内容如下。

（一）中西就餐方式的差异

1. 中国的就餐方式

中国人吃饭大多使用圆桌，这既是取“团圆”之意，也是为了营造出一种和谐的氛围。中国人吃饭采用合餐制，将食物放到桌子的中心，人们一起品味，还能够一起交流，因此也是增进情感交流的重要媒介。

在中国，人们喜欢相互敬酒、劝菜、让菜，这也是中国就餐的礼让美德，也是人们之间相互尊重的一种体现，并且也体现了中国民族“大团圆”的心态。然而，中国就餐的座位安排、敬酒顺序都是有着严格的规定的，这也反映出了中国长幼尊卑的等级观念。

2. 西方的就餐方式

在西方人们一般采用方桌就餐，并且他们采用分餐制。分餐制是指每个人面前都有一份属于自己的食物和餐具。西方还流行一种就餐方式就是——自助餐，自助餐是将所有的食物一一陈列在一个集中的地方，然后大家选择自己喜欢的食物放到自己的餐具中，人们可以自由走动，并且可以不在固定的座位上就餐。

这种饮食方式更能体现对自我的尊重，并且也方便和其他人进行交流。总的来说，西方人在就餐中更喜欢与他人交际，就餐对于他们而言不仅是一种进食方式，也是为了达到交际的目的。

（二）中西烹调方式的差异

1. 中国的烹调方式

中国的烹调方式相较于西方的烹调方式，可以说是品种丰富，具体方式如下。

①中国的烹调技术是非常发达的。中国对不同食材的烹调方式都是有许多讲究的，并且在制作食物的过程中，对烹调时间有着严格的把控。

②中国对各类食材的加工方法也是不同的。单讲中国的刀工就是有许多种类的，其中包括切成片状、丝状、丁状、条状，可以去皮、去骨等各种不同的刀工。中国的烹调方法种类更多，最常见的就是煎、炒、蒸、炸。

③中国各地的菜肴一般都是因地制宜而产生的具有地方特色的菜系。中国菜肴分为八大菜系，其中包括：鲁、川、粤、闽、苏、浙、湘、徽。厨师会根据季节变化而变换烹制的食材和调料。

④同一种食材，中国可以有不同的烹调方式，能够变化出不同的菜肴。例如，山西多以面食为主，以面粉作为基本食材，可以变换出刀削面、切面、猫耳朵等不同的形式，这也能够体现出中国人有丰富的烹调想象力。

2. 西方的烹调方式

西餐与中餐的烹调方式相比就过于单一，并且西餐的食材分类也相对比较简单。西餐的制作方式多以烤、炸、煎等方法，并且西方喜欢将许多食材混合在一起，例如，汉堡就是将面食与蔬菜和肉类混合在一起制作而成的。

由此可知，西方食品的烹调方式虽然能够将食材的营养成分有所保存，但却缺少艺术氛围。西方更加关注青少年的营养均衡问题，许多中小学都有专业的营养师，中国对这一点的关注明显不如西方。

（三）中西饮食对象的差异

1. 中国的饮食对象

中国的饮食与农业生产有着密切的关联，这源于中国自古以来就是农业大国。中国的饮食类型也是多种多样的，具体包括以下几类。

（1）主食类

中国以五谷为主食，五谷包括稻、黍、稷、麦、菽。有的人也将薯类作物作为主食，薯类包括山药、芋头、马铃薯等。在中国，南方和北方的主食偏好也是不同的，南方大多以米饭为主食，北方则以面食为主食。

（2）辅食类

中国人将蔬菜作为辅食，外加少量的肉类。据调查统计，中国人吃的蔬菜有 600 多种，是西方的数倍。在中国，肉类食品是随着人们的生活水平的提高，才逐渐走上餐桌的。

（3）肉食类

肉类食品也是与农业生产有着密不可分的关联的，在《孟子·梁惠王上》中记载了这样一句话："鸡豚狗彘之畜，无失其时，七十者可以食肉矣。"从这句记载中能够得知，古代时期中国人是很少吃肉的，肉类食物也是由于人们生活水平逐渐提高后才走上餐桌的。

2. 西方的饮食对象

西方的饮食对象多以肉类荤食为主，这主要受到游牧民族和航海民族的影响。西方人大多以养殖、渔猎为主，种植业为辅。西方的药品中也有许多是从动物身上提炼而成的。

许多西方人以自己国家的饮食特点为豪，他们在介绍食物时认为西方快餐虽然千篇一律，但是节省时间并且营养均衡。

（四）中西菜肴名称的差异

1. 中国的菜肴名称

由于中国是文字大国，中国文字博大精深，且多姿多彩，所以中式菜名也是各种各样的，有的菜名是写实派、有的是浪漫派，甚至有的菜名已经超越了食物本身，成为一个令人赏心悦目的艺术品。

2. 西方的菜肴名称

西餐的名称大多简洁明了，西餐的名称主要包括以下两种。

①烹饪方式加主要食材。例如，炸薯条、烤牛排等。

②地名加主要食材。例如，意大利面、西班牙海鲜饭、墨西哥鸡肉卷等。

中国的菜名与西方的菜名相比，多了一些文化的“味道”，但是西方的菜名更能反映出西方的快节奏生活方式，他们不会花费过多的时间去思考一道菜的名字，省去了许多思考的时间。

四、英汉色彩内涵差异

受不同社会环境、风俗习惯、价值趋向、思维方式等方面的影响，英汉两种语言的色彩词具有不同的文化内涵。下面对色彩词的文化内涵在中国文化与英美文化中的差异进行对比。

（一）红色

1. 红色在中国文化中的含义

在中国文化中，红色是极受喜爱的色彩。红色具有许多象征意义，主要包括以下四个方面。

（1）象征吉祥和喜庆

中国喜欢使用红色来象征喜庆、吉祥和欢乐。例如，中国人在过年要贴红福字、挂红灯笼、贴红对联、发红包；在传统婚礼中，新郎新娘要穿红衣服，新娘盖红盖头；模范人物要带红花、扎红绸等。

（2）象征成功和发迹

红色给人欣欣向荣、红红火火的联想。因此，红色象征人们的成功和发迹。例如，明星受到人的追捧叫“走红”；走红的戏剧演员叫“红角儿”；分享红利的行为叫“分红”等。

（3）象征美丽

在汉语中，红色还象征魅力。例如，美丽的女子称为“红颜”；装束艳丽的女子称为“红装”；浓妆艳抹的女子称为“红妆”等。

（4）象征羡慕或嫉妒

汉语中的“眼红”“红眼病”还可表示“羡慕、嫉妒”之义，看见别人有好的东西或成名就羡慕、嫉妒，恨不能占为己有或取而代之。

2. 红色在西方文化中的含义

在西方文化中，红色不仅包括褒义含义，还包括贬义含义，具体来说包括以下几种象征意义。

（1）象征淫秽与放荡

在西方文化中，红色具有淫秽和放荡的贬义象征意义。例如，“a red light district”的含义为“红灯区”。

（2）象征流血与暴力

在西方文化中，红色还象征着流血与暴力。例如，“the red rules of tooth and claw”的含义为“残杀和暴力统治”。

（3）象征尊贵与荣耀

在西方文化中，红色还象征着尊贵和荣耀。例如，使用红色地毯来欢迎其他国家的首脑，以表示尊重；在奥斯卡颁奖礼上，使用红色地毯来象征演员的荣耀。

（二）绿色

1. 绿色在中国文化中的含义

在中国的传统文化中，当妻子红杏出墙、有了外遇时，其丈夫就会被讥诮为“戴绿帽子”。因此绿色象征着妻子对丈夫的不贞，这是汉语中的禁忌语。

2. 绿色在西方文化中的含义

在西方文化中，绿色的象征意义以褒义为主，主要包括以下四个方面。

（1）象征新鲜

例如，“keep the memory green”（永远不忘），“a green wound”（新伤口），等等。

（2）象征青春、活力

例如，“a green old age”（老当益壮），“in the green wood”（在青春旺盛的时代），等等。

（3）象征钞票

例如，“greenback”（美钞），“greenmail”（回购股票款），等等。

（4）象征稚嫩、幼稚、缺乏经验

例如，“a green hand”（生手），“as green as grass”（幼稚），等等。

（三）白色

1. 白色在中国文化中的含义

在中国文化里，白色不仅包括褒义含义也包括贬义含义，其中以贬义含义为主，具体表现在以下几方面。

（1）象征死亡、凶兆

在中国文化中，白色象征死亡、凶兆。例如，丧事又称作“白事”，死者家人要穿白色孝服。

（2）象征奸佞、阴险

在中国文化中，白色还具有阴险、奸佞的象征意义。例如，在戏剧中，白脸就代表奸诈的角色。

（3）象征清楚、明白

此外，白色还具有清楚、明白的象征意义。例如，“告白”具有述说明白、解释清楚的含义。例如，“真相大白”是发现事情的真相。

2. 白色在西方文化中的含义

在西方文化中，白色主要是褒义含义，几乎没有贬义含义，主要包括以下两方面象征意义。

（1）象征幸运、有益

在西方文化中，白色具有幸运、有益的象征意义。例如，“a white lie”的含义为“善意的谎言”。

（2）象征合法、正直

例如，“a white spirit”（正直的精神），“white hands”（廉洁、诚实），等等。

（四）黑色

1. 黑色在中国文化中的含义

虽然在现代文化中，黑色有了邪恶、反动、犯罪、耻辱等贬义含义。但在中国传统文化中，黑色主要是褒义含义，象征严肃、庄重。例如，在戏剧中，黑脸代表正义凛然的角色。

2. 黑色在西方文化中的含义

在西方文化中，黑色也具有庄重、严肃等象征含义，具体来说黑色主要包括以下几方面的文化含义。

（1）象征死亡、凶兆

与中国文化不同，黑色在西方文化中象征死亡、凶兆。例如，“a black letter day”意为“凶日”。

（2）象征庄重与尊贵

西方人通常以黑色的服饰彰显其庄重与尊贵，于是就有了“black dress”（黑色礼服）等与之对应的词语。例如，法官要穿黑色法袍以示庄重、威严；交响乐队要穿黑色西装表示庄重。

（3）象征赢利

在西方文化中，习惯使用黑色来表示赢利，用红色表示亏损，于是就有了“in the black”（赢利）的说法。

五、英汉居住文化差异

居住文化中主要的组成部分是民间建筑。民间建筑也叫作“地方性建筑”，主要是由以下两部分组成的。

①能够满足居民生活基本需求的建筑。

②其他附属设施。其中包括仓库、地窖、为牲畜建造的房屋以及制造生产生活资料的建筑物等。

民间建筑不仅能够反映出一个国家的文化，还能够体现一个民族的价值。由于国家、地区、民族间具有一定的文化差异，所以居住文化也具有一定的差异，具体表现如下。

（一）中国的居住文化

中国是世界上人口众多的国家，而且中国自然环境千差万别，所以各个地区的环境差异，造成了各种各样的居住文化。中国民间建筑主要包括以下几种。

1. 上栋下宇式

这种类型的居住方式在我国是普遍存在的，主要是以木架构造而成的，但是会根据地方不同的地域特色构建成不同的形式。上栋下宇式的住宅类型通常都会建构在夯实的地基上。这种类型的居住方式还分为以下两种类型。

①依据屋顶样式的不同，一般分为三类：平顶型、流水型和一面型。

②依据房屋外形的不同，一般分为以下两类。

第一种是庭院住宅。这种类型的住宅形式在我国是最为常见的，例如，北京的四合院就属于庭院住宅。

第二种是长屋。长屋又分为直线型和环形两种，长屋更加适合聚族而居，客家的围楼就属于环形长屋。

2. 洞穴居

洞穴居是古代就有的一种居住方式，也是历史最为久远的居住方式。洞穴居的形成主要是因为地形以及天然条件而构建而成的生活空间。洞穴居在中国的西北地区是普遍存在的，窑洞就是洞穴居的一种。窑洞的形成主要是利用黄土的直立性，从山坡中掏出一个半圆形的洞穴，窑洞属于典型的洞穴居。

3. 帐篷式

这种类型的住宅方式在我国古代是游牧民族的主要居住方式，帐篷式类型的房屋容易拆卸，方便搬迁。在现代也是登山客的理想住所。如今，帐篷式类型的房屋在我国很多地区仍然在使用，例如，蒙古族的“蒙古包”、哈萨克族所使用的“毡房”就属于帐篷式类型的房屋。

4. 干栏式建筑

这类型的住宅主要是用木柱或竹柱构建而成的，将木柱或竹柱作为底架，然后在这个架空的建筑基座上再通过立柱、架梁、盖顶等步骤建造而成的住宅。这种类型的住宅一般会分为上下两层，楼下一般会放置一些杂物或者养牲畜，楼上住人。干栏式建筑大多会建在中国南方潮湿闷热的地区，因为这种类型的住宅通风性好，比较适合当地的气候。干栏式建筑至今仍是贵州、云南、广西壮族自治区、海南、台湾等地一些少数民族的主要居住方式。

（二）西方的居住文化

西方国家的建筑风格各不相同，在不同的建筑中能够表现出西方国家文化的多元性。以下将介绍英国居住文化以及美国居住文化。

1. 英国民居

英国人比较重视自由和权利，他们认为房屋是“个人的天地”，所以他们非常不喜欢受到别人的干扰。有一句谚语是：“An Englishman's house is his castle.”这句话的意思是英国人的家就是他的城堡。

英国人主要受民族习惯的影响，他们喜欢独立的房屋并且喜欢远离闹市。他们非常重视自己的隐私，所以他们的生活起居不喜欢被别人打扰，如果周围有邻居他们就会用篱笆相隔，这也是保护自己隐私的一种行为。

一些经济能力较好的英国人，他们往往会选择在郊区购买一所独立或半独立的小楼。他们的理想住宅方式是，平时住在城市方便工作，周末回到郊区享受田园生活。英国人通常会选择独门独户或带阳台的平房，这种房屋可分为以下三种类型。

①独立式。这种类型的房屋不与任何建筑相连，并且和其他房屋相离较远，方便舒适。独立式的房屋都会配备院子、花园和车库。

②半独立式。半独立式住房是指两所房子并肩而立，共用一面山墙。两所房子虽然紧密相连，但从外面看上去却如一座独立式住宅。每所房子各住一家，中间用围栏或矮墙相隔，并设有两个门，以使两户人家互不干扰。半独立式房屋既可保持一定程度的幽静又可节约地皮，多建在城市的边缘地区。

③排房式。排房式住房指在一条街道上连成一排的住房。这种住宅直接临街，没有花园与车库。每两所房屋共用一堵墙，中间没有夹道或院落。因此，这种房屋很难分清哪家是哪家且私密性差，因而价格也较低廉。

2. 美国民居

美国民居包括以下几种类型。

①公寓。这种类型的居住形式大多建在城市中，通常包括十户甚至更多的居民住在一个建筑物内。但是每个住户中都有自己独立的生活设施，并且厨房、客厅、卧室、卫生间一应俱全。公寓的租金相对其他类型的居住形式的租金来说较为低廉，更加适合收入微薄或者只有依靠养老金生活的老年人。

②别墅。这种类型的居住形式大多建在郊区，因为郊区环境宜人。很多别

墅中都会配备游泳池或网球场。别墅分为三种类型：公宅、合并公宅和独立式住宅。

③活动房。一般活动房都是在工厂里直接建造的，建造完成后，运输到指定的安装地点然后进行安装。活动房的主要建筑材料是木板或者铁皮，并且外观都非常漂亮。活动房内部也是一应俱全的。活动房之所以叫活动房是因为可以装在汽车上自由活动，这也非常符合美国人追求自由的个性。

第四节　英汉文化移植

一、套用法

所谓套用法，就是套用一种语言里现成的文化词语来传译另一种语言里的文化词语。由于人们在感情、对客观事物的认识及社会经历等方面存在着共性，不同民族和语言之间会出现文化重叠，其表达方式在意思和形象上有很多相似之处。例如，burn one's boats（破釜沉舟），to be on the thin ice（如履薄冰），to strike while the iron is hot（趁热打铁），to fish in troubled water（浑水摸鱼），walls have ears（隔墙有耳）等。

另外，英汉双语中有些文化词语的意义大体相当，两者的差别仅在于形象和风格，翻译时，只要略加改造即可。例如，no smoke without fire 这个英语谚语的原意是：没有火就没有烟。汉语里没有与此完全等值的谚语，但是"无风不起浪"的意义与此基本相同，所以可以略加改造，译为"无风不起烟"。这样的例子还有 to spend money like water（挥金如土）。

在使用此法时，切记一点：民族色彩、文化因素太强的文化词语要尽量避免相互套用。

【示例】① Among the blind the one-eyed man is king.

盲人之中，独眼称王。（不要译为：蜀中无大将，廖化当先锋）

② Give somebody an inch and he will take an ell.

得寸进尺。（不要译为：得陇望蜀）

③ To teach one's grandmother to suck eggs.

教你奶奶吃鸡蛋。/ 自不量力。（不要译为：班门弄斧）

二、移植法

所谓移植法，就是以拼音或直译的方式，保留原文的形象。鲁迅曾说过："给金发碧眼的外国人穿长袍马褂总是不好的。译文还是适当保持原作的色彩。"当然，保持原作的色彩，并不意味着不顾译语读者的接受能力。随着国际交流的不断发展，人们对相互间的文化越来越了解，原文中某些带有民族色彩和文化因素的词语也融进译语中，被译语读者了解和接受。例如，be armed to the teeth（武装到牙齿），crocodile' s tears（鳄鱼的眼泪），cold war（冷战），shuttle diplomacy（穿梭外交），a gentleman's agreement（君子协定），"A cat has nine lives"（猫有九命），"A rolling stone gathers no moss"（滚石不生苔），等等。又如，汉语中早就有了 sofa（沙发）、logic（逻辑）、chocolate（巧克力）、cigar（雪茄）等音译的词语。

三、注释法

中英之间有不少文化上的空缺，这类词语在译语中找不到对等词，只能通过适当的解释以达到最大限度地再现原文的内涵。

【示例】① Let both sides unite to heed in all corners of the earth the command of Isaiah to "undo the heavy burdens...and let the oppressed free".

译文：不管我们在地球的什么地方，让我们双方都记住先知以赛亚（圣经人物）的重托，"卸下重负……让所有受压迫的人得到自由"。

以赛亚是出自《圣经》的先知，他知识渊博，不畏权势，预言以色列总有一天会得救。对信奉基督教的西方人而言，他们都明白此中的含义。但是不做解释的话，许多中国读者因缺少相应的文化背景知识，就无法构架以赛亚这一人物所传达的语义。

②我属鸡。我从来不吃鸡。鸡年是我的本命年。

译 文：I was born in the Year of the Rooster. I never eat chicken. The Year of the Rooster will bring me good luck or bad luck.（Chinese people traditionally use 12 animals，representing the 12 Earthly Branches，to symbolize the year in which a person is born. Spring Festival in 1993，for example，is the first day of the Year of the Rooster. People born in this year have the rooster as their life symbol. All the following years of the rooster within their lifespan，according to an old Chinese saying，become either good-or-bad-luck year for them.）

英语民族文化中没有十二生肖的习俗，因此对于句中出现的“属鸡”“鸡年”和“本命年”所蕴含的文化内容是无法理解的，只有译出了这些词语的指称意义，同时又加以注释，目标语读者才能完整地理解词义。

第四章　翻译中的语境问题研究

在这个纷繁的大千世界中存在着各式各样的事物，各种事物都处在一定的环境和体系中，这在文化研究中被称为语境。人类交往要使用语言，因此更离不开特定的语境。人类交往的语境又可分为单文化语言语境和跨文化语言语境。翻译即是在后种语境中发生的交际活动。本章分为文化差异下翻译的语境分析、语境制约下的翻译、语言文化关联下的翻译三个部分。

第一节　文化差异下翻译的语境分析

一、语境概述

（一）语境的构成

所谓"语境"应是"语言环境"或者"言语环境"的简略形式，指的是对应于语言现象，并对语言现象的发生与存在产生作用的环境。无论是语言的存在，还是言语行为的发生，以及言语交际的完成，都与语境的作用有着直接的关系。

1. 语言因素

（1）语体因素

语体因素即语篇（discourse）层面的语境因素，指的是口头或书面的语言风格类型的体式。具体可以分为口语语体（日常口语体、正式口语体）和书面语体（应用语体、文学语体、科技语体、政论语体等）。它们与交际的目的、场合、对象、形式相对应，体现为不同的语言风格特征。

（2）前言后语（语境）

如果说文体因素是针对整篇文章的，那么前言将涉及文章的内部结构。例如，在书面形式中，段落和段落被链接在一起。然而，段落语境因素的产生可以分为前端语境因素和后端语境因素。句子与句子之间的相互作用产生了句子语境因素，它可以分为前一个句子语境因素和后一个句子语境因素。

（3）语句内部结构层面

除了段落之间、句子之间存在语境因素之外，句子结构内部也会存在语境因素。语义、语法、语音作用于词，使之相互运行产生句子时，构成语句内部结构语境。

2. 现场因素

现场因素是言语交际的具体情境或互动现场存在的语境因素，可分为六个方面。

①何时：言语交际的具体时间。

②何地：言语交际的地点或场合。

③何人：交际主体及其知识关系。交际者的身份、地位、职业、文化素养和思想素养都是构成互动语境的因素。他们在交流过程中的情绪和处境也是构成互动语境的因素。传播者之间有两种形式的知识关系：客观的社会关系（如亲戚、朋友、师生、同事等）和在交流场合形成的临时关系（如说与听、写与读的关系等）。

④何事：在口头交流中说什么或写什么以及做什么。不仅说和写本身是一种行为，而且说和写的结果——句子或更大的语言单位也代表说话者或作者的行为。这种行为可以是请求、解释、建议或其他行为。

⑤何如：实现言语交际的方式。交际主体完成交际任务是通过语言形式，还是通过非语言形式；是通过有声语言还是通过身体语言。交际主体之间的互动是口头的还是书面的，是直接的还是间接的。

⑥何故：言语交际的目的。

3. 社会因素

语境的社会因素包括影响言语交际的社会因素，可分为历史社会环境因素和现实社会环境因素。前者是不同民族在其漫长的历史中逐渐形成的世界观、价值观、民族意识、宗教信仰、社会生活等方面的文化积淀。后者是由现实社会的社会制度、政治经济、法律法规、道德标准、民俗习惯和规则形成的社会行为准则。

（二）语境的特征

1. 普遍性和特殊性

有独立于语境的句子吗？部分语言学家的回答是肯定的。传统语义理论认为符号独立于语境意义的逻辑形式。这种语义解释的目的只是把句子和绘画变成逻辑形式。虽然这种方法产生了许多有用的结果，特别是对索引词和清晰描述的讨论，但它对言语交际的语境研究几乎没有影响。在实际的语言交流中，我们说的每一个字都有一定的背景。当我们听到一个没有语境的句子时，其语境条件已经内化为不用言说的常识，使我们自动地理解其意义。

在语言交流中，所有没有语境的单词，如物体或动物的声音，对我们来说都没有意义。所有没有语境的文本，像字典里列出的单词一样，都没有交际意义。作者和读者都无法理解没有语境的单词。它们不受人们对客观世界的普遍理解和积累的限制，也不受言语交际中各种情景因素和语言规则的限制，因此，它们毫无意义。从这个角度来看，语境存在于所有的言语交际中。没有语境就没有言语交流。语境总是存在于言语交际的过程中。很难想象在脱离特定语境后会有所谓的言语交际活动。语境的普遍性确立了它在言语交际中的核心地位，是语境理论研究的基础。

然而对于具体的言语交际来说，语境又具有特殊性。语境的特殊性表现在语境是一个特殊的“场”，与特定的语言文化诸因素相匹配，言语交际活动在这个“场”内进行。身处在这个特定“场”之外的交际主体则无法接收和理解其中的特定的语言文化意义，也就是说它会因民族文化的差异、各语言之间的差异、交际主体的不匹配以及具体的时间、场景的不同等将第三者排除在现有言语交际活动之外。

2. 可变性和稳定性

在语言交流中，语境是可变的。首先，语境中涉及的社会、文化和时代背景在不断变化和发展。例如，社会制度变迁、时代变迁、民族迁徙、区域环境变迁、文化心理变迁等。它将改变语境、交流语言和与交流相关的百科知识。其次，语境因素随着交际而变化。前一篇文章的语境线索成为后一篇文章的语境因素，后一篇文章也可以改变前一篇文章的语境。

从根本上说，语境是一个动态系统，因为交流过程是不断变化的。交流中的人有不同的目的、动机、话题、情景等。具体时间、地点、场合、交流对象等会随时改变，这将改变通信环境。然而，就语言本身而言，它是人类最重要的交流工具。它存在于每个社会成员的不间断使用中，所以它不能总是迅速变化，否则人类的交流将成为一个问题。语言的进化是渐进的，所以语境相对稳定。对于语言使用者来说，他们的性别、个性和人生观也是稳定的因素。同样，一个国家的心理、民族习惯和文化传统都是历史的产物。在交际过程中，作为语境因素，它们影响着人们的观点和意见。这些因素不会很快改变。显然，语境的可变性和稳定性是相对的。

3. 临时性和积淀性

从语境的可变性，我们可以看到语境是具有临时性的。时间、地点、话题和语境的临时性变化会引起话语意义的变化。这些语境因素是时间和空间的临时性和特定的产物。每个人的知识和经验都储存在他们自己的长期记忆中，并在交流的言语活动中作为知识表征被激活和提取。不同的民族和不同的国家必然会有不同的语言、不同的文化和不同的风俗习惯，所以人们在跨文化交际中经常会遇到各种各样的困难。例如，虽然一个中国人英语说得很好，但他对那些让美国人开怀大笑的笑话不感兴趣。这是由于文化差异，同时也表明他没有积累一定的文化背景知识。对正宗外国文化的深入理解需要长时间的学习和积累。因此，语境具有积淀性。

4. 客观性和主观性

语境是影响交际意义的一个因素，从这个角度来看，语境是客观存在的。情景语境和语言语境构成了直接影响交际的客观因素。如自然时空因素，语言规则和语境，交际双方的特点，双方已知的信息，包括时代政治、经济和文化背景在内的社会文化因素等。所有这些都以明显的形式独立存在，影响着交际中的话语，使语境客观。

5. 整体性和层次性

语言是一个系统，任何系统都是由几个相互关联、相互制约的要素组成的，是一个由不同层次结构组成的具有特定功能的综合整体。语境与某些言语形式的使用及其表达效果密切相关。因此，它也是一个完整的系统，由各种定性要素组成，并按照一定的联系和行动方式进行分级组织。这些要素不是相互孤立、互不相关的，而是相互关联、相互作用的，围绕某些言语活动形成协调统一的整体。只有这样，特定语境才能围绕言语交际的中心话题形成一个相对完整的语境系统，并在言语表达和理解中起到协调作用。

二、语境性原则

语境性原则强调语境在翻译过程中的决定性意义（当然译者永远是最为关键的因素）。所谓“No context，no text”，说的就是这个道理。

语境指影响语言交际者交际的各种主客观因素。从狭义上讲，它指任何语言部分所处的语言环境。作为人际交流沟通的工具，语言是不可在孤立的状态下被使用的。任何话语的语境能通过语境的信息，使话语的含义更完整可辨。从广义上讲，语境不仅涉及语言环境，它还跟文本创作时的文化和历史环境相关，这就包括目标观众或读者。所以说，语境的一致性原则就显得非常重要。

语境一致性原则就要求译者要了解源语言语境，既要围绕文学作品的外部背景展开，又要围绕文学作品内部的语言文化含义展开。任何语言均受语境所限制，其意义也由此界定。因此，与语言的语境联系，包括语义构成、句法结构甚至标点符号等，都值得译者花时间和精力去分析。而且，在把一文本与另一文本进行比较时，译者可以更好地掌握该文本的文体。这样，在翻译中达到文体对等就显得简单一些。

三、翻译过程中的语境因素

（一）语言语境因素

语言语境具体是指包括词、短语、语句及语篇之间的关系。语言是在一个相互交流的环境里起作用的，不论它是一个静态对动态的环境、动态对静态的环境以及动态对动态的环境，语言语境在我们对语言的理解过程中都有着至关重要的作用。如果一个词离开它所处的语境，它的词义就会变得不确定。语境观念是阅读理解和翻译中最重要的观念之一，理解和翻译正确与否，在很大程度上取决于读者和译者是否有语境观念或能否进行语境分析，并由此相当程度上决定理解与翻译能力的高低。

（二）情景语境因素

情景语境具体是指交际过程中的人、发生的事、交际所使用的方式、人与人之间的关系以及心理情感等。这种语境的联系不仅仅局限于语篇本身所包含的内容，还要联系整个语篇所处的具体环境。在翻译的过程中，有时很难从词语所处的语境来确定它的真正含义，这时，情景语境的作用就得到了体现。

（三）文化语境因素

人类社会所了解的文化，在很多时候都具有共性的一面，但是，不可否认，也有个性的存在。在不同的文化语境中，它会体现出社会制度、历史传统、价值观念、风俗习惯、宗教信仰乃至地理环境等。可以简单地说，文化语境就是体现在语境中的广义方面，它指一定社会形态下的语境。有学者指出：语言是文化的载体，同时又是文化的重要组成部分。实际上，它们在各自的语言背景中的含义是不一样的。在中国，知识分子是指那些受过良好教育的，尤其是受过高等教育的人，它可能包括大学生、工程师、医生、教师等。而 intellectual 却只是指那些包括大学教授在内的具有一定学术地位的人，并不包括大学生等人群。可见，它的包含范围缩小了。翻译理论家奈达也曾指出："对于真正成功的翻译而言，熟悉两种语言甚至比掌握两种语言更重要。因为，词语只有在其作用的文化背景中才有意义。"

四、高低语境文化中的差异对比

（一）认知方式上的区别

高语境文化和低语境文化之间的交流差异体现在人们对世界的感知和理解上，这种差异体现在他们关注的是事物的整体还是部分，即依赖和独立。一般来说，在个人主义文化中，低语境交际占主导地位。在集体主义文化中，高语境交际占主导地位。

（二）交流方式上的区别

高低语境之间的文化差异决定了它们也有非常不同的交流方式，即直接和间接的交流方式。美国人愿意坦率地表达他们的观点，而中国人更愿意间接地表达他们的愿望。低语境交际者很少接触社交笑话。他们的确使用了一些礼貌的问候、感谢和告别的表达方式，但是这些固定的短语和习语在低语境中的作用要比在高语境中的作用小得多。在交际过程中，高语境交际者更加关注彼此的感受和"面子"，习惯于隐藏他们的想法并以外交方式表达，以避免双方尴尬。

（三）获得信息渠道上的区别

高语境文化的人更喜欢人与人之间的信息来源。低语境文化中的交际者追求、信任并愿意使用来自客观来源的信息。这可以从在美国学习的中国学生和在中国学习的美国学生的经历中看出。来到美国的中国学生可能会得到很多书面信息，如外国学生手册、各种指南、宿舍管理手册、不同类型签证的打印信息、如何更改或更新签证等。来到中国的美国学生也可能会得到这样的信息，但并不多。

（四）语言表达方式上的区别

从语言的角度来看，人类交际可以分为言语交际和非言语交际。在高语境文化中，语境在意义转移中起着重要作用；在低语境文化中，语言在意义转移中起着重要作用。低语境交际者常常渴望理解每个人说的话。他们希望所有的单词都有意义，并且经常忽略非语言信息。他们认为交流是一种有意义的言语和信息交流。他们是在回应人们所说的话，而不是人们的行为方式。他们不注意情境因素，例如，参与者的情况和角色。高语境的中国文化，特别是中文表达的含义，是平静和克制的。

（五）成功交际的责任所属不同

在高语境文化中，绝大多数信息要么存在于物质语境中，要么在个体交际者中被内化，因此高语境交际者认为说话者不必在讲话中完全准确地表达自己的意思，听者有责任通过关注言语表达的语境来解释言语的意思，他们期望听者在解释信息的意思时承担更多的责任，从而推断说话者的意图，听者也习惯并擅长从肢体语言以外的声音中寻找意义。在低语境文化中，大量信息是通过对清晰信息的编码来传递的。低语境下的交际者认为说话者或作者对交际的成功负有责任，并且应该通过语言清晰、轻松地表达意思。

高语境和低语境国家之间的交流越来越频繁，但是两种文化背景下的人们之间的交流不可避免地会存在许多冲突和误解。为了实现成功的交流，来自高语境和低语境文化的人们需要充分了解他们自己的文化和对方的文化背景，培养他们对文化差异的敏感性，培养他们自己的多元文化意识，消除单一的文化观念和交流观点，并对不同的文化采取宽容和容忍的态度。只有这样，跨文化交际才能成功有效地进行。

第二节　语境制约下的翻译

一、文化语境翻译的局限性

翻译这种跨语言跨文化的交际所使用的交际工具，和人类的一般交际一样，是语言。在面对面的交流中，即在口译的情况下，当然也可以附以手势、面部表情等非语言符号手段，然而语言符号是其主要手段和工具。言语的交际不可离开语境，语言和语境相互联系、密不可分；语境和言语篇章的构建及其意义有着内在的联系。无论语内交际还是跨文化交际，都逃不脱语境的制约。由于各民族在历史、地域、习俗、宗教诸方面的差别和其在语言结构及表达方式上的不同，在承认文化语境可译性的同时我们必须承认文化语境翻译有其局限性。

二、语内交际受语境制约

语境是交际过程中语言表达某种特定意义所依赖的各种主客观环境因素，可以表现为言辞的语境，也可以表现为言辞以外的主客观因素。言辞语境亦叫作“言内语境”，包括具体文本中的言语形式（前言后语、前后语段等）及其语言系统本身；前者为具体的言语，后者为抽象的语言系统。不表现为言辞的主客观环境因素叫作“言外语境”，分为情景语境和文化语境两类。

情景语境由一般的主客观语境组成，它指的是交际的具体参与者、发生了什么、交际的方式和渠道、交际者之间的关系以及交际者的心理感受。文化语境由特殊的主客观语境组成，包括特殊的社会文化背景、历史传统、思维方式、价值观、社会心理等。情景语境和文化语境之间有着一般和特殊的关系。既然情景语境可以分为语场、语旨、语式三个方面，笔者认为，文化语境同样可以分为语场、语旨、语式三个方面。文化语境的语场、语旨、语式决定了特定语域中的具体语篇在不同文化间的特殊表现。

交际是从信息发出者到信息接收者的一种信息传递过程，包括信息的编码和解码两个过程。交际双方有条件地联系在一起，组成一个“交际场”，这个“交际场”就是“言内言外语境”。只有在这个“交际场”中交际活动才能正常进行，信息交流才能够实现。语言使用是在一定的语境下进行的，和语境有着密切关联。说写者借助语言符号，通过语境表达思想；听读者也通过语境理解说写者的话语。语言符号是语境的反映，是语境的沉淀，是语境的抽象化和形式化的载体。离开了语境，符号就不成其为语言符号；离开了语境，符号就没有意义，不能传递任何信息，最多只是一个潜在的意义符号。符号的意义是在特定语境中实现的，只有在特定的语境中，符号才能实现其交际功能。

三、无中介跨文化交际受语境制约

在甲文化中说甲语言的信息发送者和在乙文化中说乙语言的信息接收者之间的交流是跨文化交流。跨文化交际可以分为非中介跨文化交际和中介跨文化交际。中介跨文化交际是指不通过第三方（译者）进行的跨文化交际；中介跨文化交际是指通过第三方（译者）进行的跨文化交际。

在无中介化的跨文化交际中，信息接收者通常能够理解信息发送者所使用的语音形式，但不一定完全掌握信息发送者所处的整个语言系统。他们也可能不熟悉发送者的文化。对于相应的情景语境，交际双方的理解也可能有差异。在面对面的非中介跨文化交流中，比如曾经学过英语的人和他们的英美朋友之间的面对面交流，有更多的机会分享情景语境，但不会完全没有差异。比如同样面对自由女神雕像这个情景，美国人跟中国人或者其他国家的人们在对情景的把握上很可能是有差异的。跨时空的无中介跨文化交际，如 A 国 20 世纪的读者阅读 B 国 19 世纪的文学作品，或者 A 国今天的读者阅读 B 国今天的作品，在情景的理解和把握上都可能不同。所以，在无中介跨文化交际中，交际双方把握源语言的语境（包括情景、文化和语言）是有差异的。

要使交际双方 A 和 B 达到完全沟通，让 B 完全理解他者文化中的 A，信息接收者 B 不仅要像语内交际那样，在寻求理解的此时此刻，尽量在情景上趋近 A 点，而且要在语言和文化上趋近 A 点。假设 B 在文化上处于 B''，语言上处于 B'，信息接收者 B 需要在 B，B' 和 B'' 三点上都趋近交际双方语境球切面的切点 A，以实现和 A 之间的视域融合。无中介跨文化交际对语境依赖度的增强是可想而知的。在语内交际和无中介跨文化交际中，理解是在信息接收者的当前视域与信息发出者的当前视域（或者历史视域）的融合中出现的，是一种 1 加 1 的你中有我、我中有你的视域融合过程，我们称之为“视域的一度融合”。在有中介跨文化交际中，情形却有所不同。

四、有中介跨文化交际（翻译）受语境制约

在中介跨文化交际中，信息的接收者既不理解信息发送者使用的语言，也不熟悉信息发送者的文化。因此，不可能知道或确定信息发送者的语音情况。两者之间的交流需要作为媒介的第三方的帮助，而译者就扮演着这样的角色。因此，有中介跨文化交际就是翻译。

译者可以来自信息接收者文化，也可以来自信息发出者文化甚或来自第三种文化。但不管怎样，有中介跨文化交际是由一个无中介跨文化交际过程和一个语内交际过程，抑或是由两个无中介跨文化交际过程（当译者来自第三种文化时）组成的。和语内交际、单一的无中介跨文化交际比较起来，导致交际障碍的原因要复杂得多。

有中介跨文化交际可以分三种情况讨论。

①译者来自源语文化，则翻译过程包含一个理解时的语内交际和一个表达时的无中介跨文化交际。

②译者来自译语文化，则翻译过程包含一个理解时的无中介跨文化交际和一个表达时的语内交际。

③译者来自第三种文化，如日本译者把汉语诗歌翻译成英文。这种翻译过程包含两个无中介跨文化交际过程，即理解和表达都是无中介跨文化交际过程。

当译者来自源语文化时，视域的融合较易在翻译理解层面获得，因为译者和作者的语境差异主要表现在情景语境这一个层面上。当然，如果是 20 世纪的译者去理解 16 世纪的作者和作品，同样可能存在语言和文化语境上的差异。而翻译表达层面的视域融合相对更难达到，因为译者和译语读者之间是一种无中介的跨文化交际过程。要和译语读者达成视域融合，译者至少需要在语言、文化和情景三方面做出努力，有时甚至还要考虑所使用的言语形式是否符合译语习惯。因此，这种翻译的理解较易到位，而表达较难符合译语语境。

相反，当译者来自译语文化时，视域的融合则较易在翻译表达层面获得，因为译者与译语读者之间属于语内交际，他们共享译语语言和译语文化，二者的语境差异主要体现在情景上。而在翻译理解层面，与作者的视域融合较难达到，因为译者和作者之间的交际属于无中介跨文化交际，译者需在语言、文化和情景三方面走近作者。因此，这种翻译的理解较难到位，而表达较易符合译语语境。

当译者来自第三种文化，译者和作者、译者和译语读者之间进行的交际都是无中介的跨文化交际过程。译者不仅需要和作者在语言、情景和文化三方面

达成视域的融合，以获得对原文的正确理解；还需要和译语读者在语言、情景和文化三方面达成视域融合，以便把自己理解到的意思恰当地传达给译语读者。译者本民族的语言、情景和文化也很可能影响到译者的原文理解和译文表达，他很难跳出自己的本民族视界。因此，影响翻译的语境因素就更加复杂了。与无中介跨文化交际和语内交际相比，有中介跨文化交际在视域融合的过程上多了一道程序：第一道视域融合程序发生在译者和作者之间，第二道视域融合程序发生在译者和译语读者之间。这种牵涉两道程序的视域融合过程叫作“视域的二度融合”。由于牵涉的语境因素增多，视域融合的程序增多，交际双方想要达到完全的理解和沟通就更难了。视域融合实际上就是相互之间语境的了解和认知过程。

由此可见，从语内交际到非中介的跨文化交际，再到中介的跨文化交际（翻译），视域融合的难度越来越大，因为需要构建的语境因素越来越多，难度也越来越大。既然语言内部的交流离不开语境的制约，那么翻译作为一种跨文化的中介交流，可以说是不受语境的制约吗？我们清楚地看到，在翻译中，无论译者来自源语言文化、目标语言文化还是第三文化，随着语境因素的增加，越来越难以回到作者（原文）的语境。因此，对原文意义的回归也更加难以期求了。

第三节　语言文化关联下的翻译

一、语言差异与文化差异

（一）影响语言的文化因素

1. 历史文化

一个民族的历史是其社会发展的真实记载。民族历史中记录了一个民族的社会变迁，蕴含着丰富的文化内容，反映到语言上尤其明显。

历史典故中蕴含着丰富的历史文化内涵。在日常生活中，人们经常不自觉地说出一些历史典故。例如，汉语民族会说“马后炮”“纸上谈兵”“一不做二不休”“步步为营”等，英语民族会说“That’s all Greek to me.”，即一窍不通。

各民族由于历史文化不同，会对其他民族的历史典故相当费解。汉语中的历史典故多来自民间传说、名著和传统体育娱乐项目等，英语中的历史典故多源于神话、传说、宗教故事、传统体育项目等。

虽然英汉语言中的历史典故都有其各自的民族渊源，几乎没有什么相同之处，但是仍旧可以从中找到一些相似的历史典故进行比较。例如，汉语中的"怒发冲冠"形容极端愤怒，头发愤怒得竖直；英语中的"one's hair stands on end"形容极度恐惧，头发恐惧得竖立，这个典故描写了一个名为普罗波特的人，他因偷马被判绞刑，这个短语描绘了他在绞刑架上的表情。汉语中的"怒发冲冠"出自《史记·廉颇蔺相如列传》，赵国使臣蔺相如带和氏璧去秦国换15座城，但他在献和氏璧时，秦王拒不给城，相如怒发上冲冠。由于这个历史典故，汉语中"怒发冲冠"表示极度愤怒。概念意义相似的两个历史典故，但却具有不同的内涵意义，汉语中因"怒"而头发竖立，英语中则因"惧"而头发竖立，由此可以看出英汉文化的差异。

再如，夏日夜空中白色带状的繁星群，这个繁星群给英汉民族带来完全不同的联想。英语中叫作"the Milky Way"，而汉语中叫作"银河""天河"。"the Milky Way"来源于希腊神话，有两种含义，一种是人间通往宇宙宫殿的一条乳白色大道，另一种则是天后赫拉给大力神赫拉克勒斯喂奶时滴下的奶汁凝成的一条路。在汉语中，提起"银河"，人们便会联想到民间传说牛郎织女相会，而"银河"则是一道难以逾越的天堑。

此外，中国历史上曾战乱频繁，汉语中存在许多有关军事的词语，如草船借箭、暗度陈仓、临阵脱逃、运筹帷幄、逼上梁山、背水一战、重整旗鼓等。西方历史上也曾战乱纷争，英语中也存在大量有关军事的习语，如"meets one's Waterloo"，出自拿破仑的滑铁卢之战，寓意一败涂地。

2. 地理环境

中国属于温带大陆性气候，四季分明，夏季炎热，冬季寒冷。在汉语中，"酷暑难熬""夏日炎炎""烈日当空""骄阳似火"等是对夏季最恰当的描绘。而英国属于温带海洋性气候，夏季温和怡人。在莎士比亚的《仲夏夜之梦》中，他将夏夜描绘得温婉美丽，在十四行诗中，更将爱人比作夏日，温煦而可爱。夏季给英汉民族带来的联想完全不同。

就东风和西风来说，英汉语言中的文化意义也完全不同。在英语中，西风从大西洋吹来，温暖和煦，东风从欧洲大陆北部吹来，故而砭人肌骨。汉语的情况则与英语完全相反。在汉语中，西风从西伯利亚吹来，所以寒冷刺骨，而东风让人联想到春天，温暖宜人。

在英国，人们见面时喜欢讨论天气，如"Lovely weather, isn't it？"因为英国为温带海洋性气候，天气极易变化，阴雨天多，人们便经常谈论天气。在中国，人们见面时喜欢讨论吃饭的话题，见面时喜欢问“吃饭了吗？”。因此，汉语中有关吃饭的词语十分丰富，如“大快朵颐”“细嚼慢咽”“狼吞虎咽”等。

中国为农业古国，农业人口众多，汉语有许多与农业相关的词语，如“揠苗助长”“五谷丰登”“春华秋实”“根深蒂固”等。英国为岛国，四面环水，航海业和捕捞业是英国人的重要生产行业，因此英语中有许多与海相关的词语。而中国大部分地区与内陆接壤，只有沿海地域才发展捕捞业，所以与捕捞相关的词语相对较少。中国内陆远离海洋，对大海有一种神秘和敬畏的感觉，因此汉语中有“海阔天空”“海市蜃楼”“海枯石烂”“海底捞针”等词汇。

3. 思维方式

中国传统文化注重伦理道德，而儒家思想则把这种伦理道德内容理论化了。儒家思想维护“礼治”，提倡“德治”，重视“人治”，因此形成了重道轻器、重人文轻科学的思维传统。儒家思想对于中国人的一个重要的影响就是重宗族和宗族关系，重视辈分尊卑。所以在汉语中，体现辈分的亲属称谓要比英语中复杂得多。

例如，凌风和赵明是表兄弟。凌风的父亲是赵明的舅舅，赵明的父亲是凌风的姑父。如果翻译成英语，则是：“Ling Feng and Zhao Ming are cousins. Ling Feng’s father is Zhang Ming’s uncle who is the brother of Zhao Ming’s mother. Zhao Ming’s father is Ling Feng’s uncle who is the husband of Ling Feng’s father’s sister.”。

这些复杂的关系对于中国人来说是小菜一碟，而对于英美人来说就比较费解了，要花很大工夫才会弄明白他们之间的关系。在英美人看来，舅舅和姑父都是“uncle”，如果要加以区分的话就在“uncle”后面冠以名字，如“Uncle A”或“Uncle B”。

英美人由于其特殊的海洋性的地理环境，形成了一种不同于中国的文化，他们更加倾向于传统的探索自然的认知。简单来说，英美传统文化就是在人与自然的对立关系中不断加深对世界的认知。因此，在这样的传统之下形成了重科学、重认知的思维方式。

中国传统哲学强调思维上的整体性，一般把天、地以及人看作一个统一的整体，所以形成了“天人合一”的说法。所以中国人在思考问题的时候一般都从整体出发，全面观察事物，从而发现事物各方面的对应、对称和对立。强调整体的思维方式对汉语产生了一定的影响，使得汉语力求全面、周到，突出一个整体的框架，汉语词语的意义在很大程度上也是由语境决定的，在整体中反映。西方人虽然有时也会强调整体性，但是他们更关注的是整体中的个体，提倡个体主义。亚里士多德主张事物的本质存在于“一般的个体”中，不能脱离个别而存在，这对于现在西方人的思维产生了深刻的影响。

汉语注重句子内部和句子之间的内在联系和整体性，依据意义上的连贯，句子之间可以少用或者不用连词，充分体现了中国人的整体思维方式。汉语中关系模糊的句子之间，会添加各种关系连词。英语注重语言形式上的连接和完整，具有很明显的形式结构，以求个体的满足和完善。

在中国传统哲学文化中，比较缺乏认知理性的概念，更注重的是悟性、直觉，少有涉及思维的逻辑性和抽象性；而西方哲学则比较关注理性认识，重视分析，注重实证，侧重通过大量实证的分析得出科学、客观的结论。汉语的直觉性在文言文中体现得尤为明显。

中国人重直觉，所以汉语的语法显隐性，比较模糊；而在英语中，人们重视实证和逻辑理念，具有严谨的语法形式。中国人重形象思维，英美人重逻辑思维。简单来说，形象思维是用直观形象和表象来解决问题的一种思维方式；逻辑思维则是人们在认识过程中借助于概念、判断、推理等思维形式能动地反映客观现实的理性认识过程，又称为理论思维。

中国人形象思维的表现方式最为明显的就是古代的象形文字，这是世界上最早的文字，也是最形象，演变至今保存最完好的一种文字。我国之前所用的繁体字就是由象形文字演变而来，很好地体现了形象思维。相反地，西方人注重逻辑思维，一般经过表象感觉后，逐步开始判断、推理，进而上升到抽象的逻辑思考。在形象思维的影响下，汉语更倾向于用具体想象的概念来代替一个抽象的内容。

4. 价值观念

（1）民主观念

中国注重精神自由，将民主和自由当作君主权贵的赏赐，因此中国人总是期望出现清官，以为人民谋求福利。西方人则认为政出于民，政权只是人民赋予的、让政府行使的一种公权。

（2）科学观念

中国强调先人的经验和权威，相信古人甚至超过今人，缺乏探索和创新的精神；而西方注重实证，强调理论和实践，主张理性思维，极具探索精神，通过对科学成果的推广，最终建立起完整的科学体系。

（3）道德观念

西方主张个体本位，而中国主张群体本位。中西方的道德观念存在差异，使得中西方的道德规范和伦理体系也呈现出不同的特点，具体表现在以下方面：中国强调中庸，西方强调竞争；中国强调人伦，西方强调契约；中国注重人情，西方注重理智；中国从性本善出发强调个体的道德修养，而西方从性本恶出发强调个体的道德教育。

（4）法治观念

中国强调道德，用道德、礼仪来约束人，通过先贤的教诲来提高自己的道德修养，主张克己复礼，容易丧失独立人格，压抑人的欲望。西方则认为人的欲望不应该被压制，主张运用法制来实现对个人的约束以及社会的规范，即通过制度、机构等来进行制约，而不是运用道德。

（5）处事观念

中国人主张中庸思想，强调修身养性，喜欢“每日三省吾身”，注重自省、内敛，使得思想较为保守，缺乏开拓和创新精神。西方人强调个人价值，主张竞争，在为人处事面前以己为先，热衷于公益事业，通过服务社会来实现个人价值。

对于中西文化，在具体事例上，也可以发现许多不同之处。例如，对于别人的夸赞，中国人喜欢谦虚，而西方人则表示感谢；对于时间，中国人多用少许、片刻之类的词，西方人总是要弄清几时几刻；对于吃饭，中国人喜欢劝客人多吃，西方人不督促，尊重个人意愿；对于菜式，中国人讲究色香味俱全，注重形式的美感，而西方人更注重营养；对于吃饭方式，中国人围成一桌共同吃饭，西方人将食物分成小份。

（二）文化的相通与重叠

1. 接触

两种文化在传播的过程中进行接触，这是文化之间互相融合的前提。

2. 撞击和筛选

每种文化都有顽强地表达自己和拒绝其他文化的特点，两种文化接触后不可避免地会发生冲突。在影响的过程中，社会选择是选择最好的，消除最差的。

3. 整合

从最初的两个文化体系中选择的文化元素通过调整被整合到一个新的文化体系中。例如，现代美国文化是多元文化融合的结果。

（三）文化的差异与碰撞

尽管中西文化有相似之处和重叠之处，然而，由于历史传统、生活习惯、宗教信仰、思维方式和地理环境的不同，中西文化的差异也表现在语言上。例如，在中西文化中，相同的词有不同的含义。例如，中国的“龙”被居民视为权力、地位和尊严的象征，在古代被视为图腾崇拜。然而，在英语中，龙被认为是一种带有毒火、翅膀的凶残的怪物。

二、日常谈话中的文化差别

（一）中西寒暄语比较

人们在日常交际中经常需要寒暄，因为寒暄能很快打开交际的局面，不善寒暄的人容易在交际中冷场。寒暄语虽然不传递有价值的信息，但在交际中十分重要。交际各方注意的不是寒暄语的语义内容，而是它所表达的某种情感或是为了满足某种社会文化需要。

在中国，人们见面时喜欢问“去哪儿？”或者“吃饭了吗？”，这些都是客套话，并不是真正意义上的问题。但在西方问“Have you eaten？”他们会认为你要请他们吃饭，如果问“Where are you going？”他们会认为你在干涉他们的私人事务。西方人见面时习惯问候“Hello”“Hi”，正式场合问候“Good morning”“Good afternoon”“Good evening”。西方人也常用一些询问式的寒暄语，如“How are you doing？”“How are you？”等。中国人在寒暄时还会问一些私人问题，如年龄、钱财以及婚姻状况等，中国人一般不会介意这些问题。但在西方，人们会认为你在侵犯他们的隐私。西方人会谈论天气等与私人问题无关的话题。

中国人在见面时，会根据对方的实际情况说“买菜呢”“打篮球呢”等。但在西方人来看，这些对话没有意义，难以理解这些描述。中国人习惯用称呼作为打招呼或寒暄的方式，如见到领导叫“李总”，见到老师叫“王老师”。如果在西方，用“Professor Smith”和教授打招呼，那么教授会认为找他有事情，会站在那里等待下文。

在告别时，英汉语言也存在一些差别。中国人在告别时，会说“再见”“走好”“慢走”等，对方会说“请回吧”“请留步”等，以表示礼貌。西方人在告别时除“Bye-bye！”“Goodbye！”外，会说一些祝愿的话语，如“Wish you good luck！”“Take care！”等，还会说一些和对方见面很愉快的话语，如“I'm glad to have meet you.”“Nice meeting you.”等。

（二）中西委婉语比较

委婉语（euphemism）一词源于希腊语，意思是good speech或good words，即把生硬的、粗鄙的、刺耳的、令人难堪的、赤裸的、无礼的说法以一种更含蓄、更典雅、更间接、更模糊、更礼貌、更婉转、更容易被接受的形式说出来，是调剂人际关系的重要手段。

中国人更讲究说话委婉得体，避免刺激性言语，即所谓“登堂问讳，出门问礼”。所以委婉语是中西方文化中共有的现象，其主要功能无外乎避讳、掩饰和礼貌。所以中英文有很多类似的委婉语或大致相同的委婉语领域。

1. 传统委婉语

有些话题是人类都不愿意谈及的，如喜欢谈生，回避谈死；喜欢谈健康，不愿谈疾病；喜欢谈阳光积极的事物，不喜欢谈隐晦消极的事物等，在这些不愿谈及的领域里委婉语也是最丰富的，虽然英汉委婉语在这些方面并非完全一一对应，但其用法和反映的心理现象非常相似。

怀孕：汉语用“有喜了”“有了”“身怀六甲”；英语则用be in the family way、she is expecting等。

死亡：英语中用pass away、slide by/away、to leave this world、to join the silent majority、to breathe his last、the departed、the deceased、the late、to shut one's light off、to pay one's last debt、to run one's race等。汉语中死亡委婉语有褒贬之分，如“为国捐躯”“英勇就义”“光荣了”“以身殉职”等含褒义；而“夭折”“短命”含贬义；“去世”“过世”“谢世”“与世长辞”“老了”“奔赴九泉”“寿终”“作古”为中性；“玉殒香消”“玉碎珠沉”则专指美女之死。

2. 文体委婉语

文体委婉语和禁忌没有关系，而是在人际交往中为了表示礼貌、争取合作或者恭维对方而说的溢美之词。

（1）政治、军事委婉语

政治、军事领域的委婉语大多是为了粉饰现实、掩盖真相，显示了其虚伪性和功利性，被称为“化妆词”，如将“被击溃”说成“战略撤退”，“入驻他国的部队”变成了“维和部队”“帮助重建”。

（2）职业委婉语

汉语中的职业委婉语有很多，下面列举几种。

梁上君子——窃贼

美容顾问——美容师

城市美容师——清洁工

销售代表——推销员

英语中的职业委婉语有过之而无不及。

landscape architect — gardener

prison officer — jailer

supervisor — foreman

aisle manager — floorwalker

职业委婉语的目的是维护弱势群体的尊严和体面，有其积极意义。还有一类是行业内部出于禁忌而产生的委婉语，如股民忌讳说“跌”，渔民忌讳说“沉”“翻”等。

英汉语言结构、构词规律的不同决定了两种语言各自独特的委婉语表述方式，如汉语中的拆字、对联、歇后语；英语中的字母法、缩略法、谐音法等。

拆字法：把“李麻子”称为“李广林”。

对联法：汉语中经常将要说的话迂回隐藏在对联中。

歇后语：七十岁老太喝稀饭——无耻（齿）下流；秋后的蚂蚱——还能蹦跶几天；挖耳勺刨地——小抠；黑瞎子上房脊——熊到顶了；司机闹情绪——想不开；和尚打伞——无法（发）无天。

英语里面也有一些巧妙的表达，如省略掉字母表中字母 U，隐含的意思是“I miss you.”。还有利用某些字母和单词的谐音，来婉转、间接地表达不易启齿的话，如“If I can rear range the alphabet，I will put U and I together.”。

中国人长期以来受儒家思想的影响，讲究“上下有级，尊卑有序”。中国封建时代帝王的名称是要避讳的，要用其他相近的词来代替。《礼记·曲礼》将之称为“国讳、公讳”。中国古代文化中，生病都用不同的委婉语，如皇上生病是“龙体欠安”，皇后生病是“凤体欠安”，老百姓生病顶多也就是“偶染微恙”或者更通俗一点“不舒服”，反映了明显的阶级性。而英语中的委婉语很少有阶级色彩。

在东西方文化不断的交往互动中，很多中英文委婉语彼此靠拢、互相吸纳，呈现融合的趋势。例如，人们常常在进行中西方委婉语对比时，提到东方有尊老之风，而西方则是年轻人的战场，老年人的坟墓，所以西方人不愿意被称为老者，因此有很多关于老年人的委婉语，如 seasoned man、advantage in the age、the mature 等。汉语中却有这种倾向，比如称呼“您老”“老先生”“老领导”“老战士”“老红军”“老革命”“老兵”“老总”“老李”等，这些均为尊称。

（三）中西恭维语比较

恭维语（compliment）是一种十分普遍的语言现象，其作为一种交际用语，主要作用是维系社会正常的人际关系，联络交际双方的感情，缩短交际双方之间的社会距离。恭维语不仅能传递具有评价意义的信息，还能表达出欣赏、鼓励、敬佩、羡慕的情感，创造出一种和谐融洽的交际氛围，因此恭维语又叫作“社交场合的润滑剂”。恭维语作为人们日常交际中常用的一种礼貌行为，它往往以“临近配对”的形式出现，即恭维与应答共现。

从社会行为学的角度看，恭维语体现的是日常交际中人们对周遭事物的价值判断、评价和欣赏，是对所处社会文化内在价值观的外在反映。因此，英汉语言中的恭维语会在形式、内容等方面体现出差异。只有了解英汉语言背后的文化差异，才能避免跨文化交际中的障碍。英汉文化差异决定了英汉语言在恭维语的使用规约方面的差异，其差异主要体现在内容和回应模式上。

首先，就恭维的内容来说，主要集中在人的素质、仪表、技能、才智、业绩、表现、技能、衣饰、汽车等的赞扬和褒奖上。以上内容可以分为两个方面，一方面是“外貌”和“所有物”，另一方面是“能力”和“成就”。在西方文化中，外貌是恭维中非常普遍的内容，特别是女性换了新发型、穿了新衣服等都会受到恭维。无论年龄、职业、地位、辈分如何，女性的外貌永远是被恭维的对象，既包括比她们社会地位高的人们的恭维，也包括比她们社会地位低的人的恭维。在西方文化中，男性恭维女性的外貌是非常平常的事情。在汉文化中，随意恭维女性的外貌，并不是社会所期望的行为，甚至可能会犯大忌。虽然现在情况发生了一些变化，对女性外貌方面的恭维开始逐渐增多，但还要受到各种条件的制约。中国人忌讳别人夸赞自己的妻子长得漂亮，但在西方却很平常，被夸赞的人也会感到很愉快。

在西方，围绕“成就”和“能力”所开展的恭维语，主要是地位较高的人恭维地位较低的人，特别是上级恭维下级，以获得融洽的上下级关系。西方人认为，评价他人的“成就”和“能力”是一件严肃的事情，只有地位较高、具备评价能力的人才能对他人的“能力”和“成就”进行评价。

对于“能力”和“成就”的恭维，中国与西方恰好完全相反。一般情况下，都是地位较低的人恭维地位较高的人，尤其是下级恭维上级，以获得上级的好感。这种现象体现了中国文化中的群体趋向。中国人对于与自己地位相同的人或者对陌生人的恭维十分委婉得体，体现出含蓄、谦虚的价值取向。

其次，就恭维语的回应模式来说，社会规范要求人们在遇到他人的恭维时要进行回应。在恭维语回应方面，英汉民族都遵循两个原则，一是赞同对方意见，二是避免自我吹嘘，但英汉民族的侧重点存在一定差异。西方人以个人价值为取向，遵循得体原则与一致原则，以正面接受的方式进行回应，如接受评论、领情赏识、回赠恭维、缓和回答等，多围绕“Thank you”进行补充，“尊人”不“卑己”。而中国人在面对恭维时多采取拒绝或不正面接受的方式。

从心理感受来讲，中国人也喜欢听恭维的话，但在语言交际中，尤其是在公共场合，大多数人倾向于拒绝。这种回应模式受到了中国传统价值观的影响，因为谦虚是中国的传统美德，对中国人的思想观念产生深远影响，并体现在人们的语言交际中。中国人在听到别人的恭维时，一般会自贬一番，表示谦虚有礼貌。而西方人却没有这种回应习惯，他们会直接表示感谢。但随着社会的不断发展，中国人的传统观念也在逐渐改变，人们在面对他人的恭维时不过多进行自贬，也不爽快接受，视语境采取不同的回应方式，如含蓄接受、间接拒绝等。

（四）中西邀请语比较

邀请语是各社会群体共有的普遍性言语行为。英汉民族处于不同的文化背景，其邀请语也有着不同的社会规范和不同的社会期望。因此，英汉语言中邀请语的内容、形式以及回答模式方面都会有一定的差别。

一般情况下，西方人对于正式的社交活动都会向客人发出书面邀请，非正式的社交活动，如周末聚会、野餐等，邀请者一般通过电话或面对面口头邀请客人。在交际中，西方人会说“Let’s get together sometime.”“We really should have lunch soon.”。对于中国人来说，这些话似乎是在进行邀请，但实际上，这是交谈结束的一个标志，交际者为了维持良好关系的一种表示。如果将这些话误认为是对方的邀请，并信以为真，但却等不到对方的邀请，会认为对方不信守诺言，导致更深的误会。西方人在邀请别人时，会明确说明时间、地点和内容等，并且要求对方的答复。如果没有活动的具体内容，就不能构成真正的邀请。在中国，人们告别时也会说“有空再来玩”“有空去我家吃饭”等客气话，但这不是真正的邀请。

在西方，人们会对别人的邀请给出明确的答案，不管他们是接受还是拒绝。

当拒绝别人时，人们应该首先感谢邀请，然后表达歉意并解释拒绝的原因。即使是非正式的邀请，比如周末一起去购物和吃饭，如果你想拒绝，应该先表达你的感谢，然后道歉并简要解释拒绝的原因。如果不能立即对某人的邀请给出明确的答复，可以在活动前几天通知邀请人，以便邀请人可以重新安排时间。在中国，人们接受他人的邀请时，一般不会明确的答应或拒绝。例如，一个朋友邀请你去他家吃饭，如果你想去但又怕麻烦别人，就可以说“算了吧”“太麻烦你了”；如果你不想去又不好意思直接拒绝，就可以说“下次吧”“改天吧”。在跨文化交际中，如果中国人客气地回应西方人“Thank you，I'll try to come.”，会让西方人感到困惑，因为他们不能确定你是否能来。此外，中国人一旦接受邀请，一般要回请，以表示感谢，这在西方是非常罕见的。

（五）中西道歉语比较

道歉语是说话人公开承认做了不应该做的事情或者没有做应该做的事情。道歉语的目的是弥补某种不恰当的言行，恢复交际双方的融洽关系。对于道歉语来说，语境起着很大的作用。汉语属于强语境文化，英语属于弱语境文化。在汉语中，语码负载的信息量较少，交际中的信息量大多存在于社会文化环境、交际情景或交际双方的心中。在英语中，语码负载的信息量较大，而交际环境中的信息量较少。

在实际语境中，英语中的道歉频率远远高于汉语。由于英语文化为弱语境，倾向于个人主义，意见分歧是被称赞的，这种冲突一定程度上被看作积极的行为。人与人之间避免不了冲突，会在不经意间冒犯对方，因此英语文化中道歉的频率十分高，人们经常采用减轻责任的策略来维护自己的面子。汉语文化为强语境，推崇集体主义，主张和谐，在公共场合发生争执是让人丢面子的事情。因此，中国人习惯采取预防措施避免发生冲突，如果发生冲突，会采用直接道歉的策略来维护对方的面子，所以汉语中的道歉频率较低。

（六）中西请求语比较

受中国传统文化的影响，中国人在说请求语时要么过于直接，要么过于间接，以暗示的策略请求别人帮忙做事情。在中国社会中，地位较高者对地位较低者或者长辈向晚辈说请求语是合情合理的，不需要间接请求。例如，经理可能对助理说：“小王，帮我把这份材料打印一下。”妈妈可能对儿子说：“儿子，去帮妈妈买瓶酱油。”一般情况下，平等性地位的人之间采取直接式的请求。平等性地位的人之间关系较为亲近，将帮助他人看作自己的责任，且在很多方面有所共享。直接式请求一般为祈使句，如“帮个忙”“过来一下”“快点”等。但中国人这种直接式的请求会让西方人感到很突兀、不礼貌。

地位较低的人对地位较高的人或者晚辈对长辈的请求要采取间接或暗示的方式，必须小心谨慎。请求者在请求之前，应为请求内容设定一个情景框架，让请求听起来合情合理，让对方有一个心理准备。例如，学生向老师请假时，不会直接说“老师，我想请假”，而会说“老师，我家有点急事”或者“老师，我今天肚子疼”。但是过于间接的请求方式也可能会让西方人感到十分茫然。

西方人在请求别人帮忙时，会使用不同的间接性语言来表示礼貌，直接与间接的程度主要根据被请求者的年龄、地位、亲疏程度、请求内容等决定。被请求者的年龄越大、地位越高、请求内容越困难，间接或暗示的程度越大。此外，请求语的直接与间接程度还受到交际语境、场合、气氛、距离等方面的影响。西方人习惯通过变化句法结构来表达请求，或者依靠言外之力来表达请求。

英汉民族在实施请求语时，都可能会采取间接或暗示的方式，但原因不同。中国人是受传统思维方式、集体取向的价值观念以及自己和他人的面子而实施请求的，他们追求不伤害他人的积极面子也不伤害自己的面子。西方人与个人取向关系密切，人们在向他人提出请求时，不损害他人的消极面子，尽量委婉请求，不给对方强加的感觉，给对方可选择的空间。

（七）中西拒绝语比较

拒绝行为是请求者和拒绝者面对面的交际行为。拒绝者会用一些策略减少对请求者面子的威胁，从语言的形式上提高和请求者的一致性。拒绝策略有多种形式，从广义上讲，有语篇表层和深层两种。语篇表层策略是能够标志、预示说话者目的的语法手段；语篇深层策略是表面意义上不能看出说话者的真实目的，而要靠语用学推敲后才能掌握说话者的目的。语篇表层策略不一定是一个完整的言语行为，语篇深层策略则是一个完整的言语行为。语篇表层策略是实现语篇深层策略的手段。在实际的日常对话中，英汉语言的语篇表层策略及深层策略的使用均表现出一定的共性。具体说来，日常对话中常用的语篇表层拒绝策略包括三大类。

①会话附加语，如“这个……”“对不起”“哎呀”“别提了”“天啊”“well”“sorry”“oh”“It happened”等。

②模糊限制语，如“估计”“好像”“听……说”“I'm afraid”“possibly”“Someone says that”“As is well known”等。

③其他附加语手段，包括使用听话人语言，如“哥们儿（Buddy）”；加强语调表明诚意，如“一定 / 实在 /really”；从言语上给受话者以理解、合作，如“的确 /I wish I could...but”等。

英汉语言在语篇深层拒绝策略的共性体现在以下几方面。

①回避策略。拒绝者只是不理请求者的请求，而取表面含义。例如，“You'll have to save your own money to buy a car.”（等你长大了，自己买辆真的）。

②推迟策略。拒绝者不能马上决定接受还是拒绝，并将决定推到以后，如“以后再说吧。/Call me later.”。

③批评教育策略。这种策略主要用于地位较高的人对地位较低的人的拒绝。例如，“Do you want to like what everyone likes？ / 把钱用在更有意义的东西上不是更好吗？”。

④建议策略。拒绝者给出多余信息，既能间接拒绝，又能表示出对对方的关心，显出礼貌。例如，“图书馆里有这本书，你可以去看看。/You can borrow it from the library.”。

⑤假同意策略。这种策略表面上是接受，实际上是拒绝。例如，“等以后有了钱一定给你买。/You will have to wait until your birthday.”。

⑥暗示策略。主要是为了避免与请求者直接冲突，如“我已约了客户。/I'm going to the library.”。

⑦模糊表达策略。这种策略的说话方式较为晦涩，能避免直接冲突。例如，“除了不及格的都及格了。/Not everyone is through taking the test.”。

⑧开玩笑策略。这种策略主要用于好朋友之间。例如，“晚上做梦吧，梦中告诉你，梦不见我就算了。/Just think of the pounds you're sweating off.”。

⑨主观策略。拒绝者说明拒绝是自己的主观意愿。主观策略一般采取陈述处事原则。例如，“对不起，我不想借给别人。/I'm sorry，the book means too much to me to lend out to someone.”。

虽然中西拒绝语策略存在很大的共性，但是在言语行为与社会因素的关系方面却存在差异。换句话说，文化差异对中西交际者拒绝语策略选取的直间接程度和整个话语的礼貌值影响较大。国内外学者的研究在中英礼貌拒绝模式上基本取得了一致。汉语：称呼语（如果被拒绝者地位较高）+ 道歉用语 + 拒绝理由。西方：积极性观点（I'd like to）+but 拒绝理由 + 道歉用语。不过，社会权力、社会距离、拒绝言语行为的难易程度和情感等因素影响英汉拒绝言语行为的方式和程度存在差异。

中外学者的研究成果表明，社会权利对英汉两种语言的直接性层面与礼貌值都呈正相关，尤其对汉语的礼貌值与直接性层面起到决定性作用。受中国传统观念的影响，人们的观念中有社会地位的等级差异。因此中国人在实施拒绝语时，会重点考虑社会权利。被拒绝人的社会权利越高，礼貌值越高。具体而言，社会权利较高的人拒绝社会权利较低的人的请求时，一般省略遗憾、道歉等语句，但社会权利较低的人拒绝社会权利较高的人的请求时，多使用道歉和遗憾等语句，而且使用的频率是美国人的两倍。

相比之下，西方人对社会地位是否平等更为关注。社会距离对英语礼貌值的影响和对直接性层面的影响较大，而对汉语的直接性层面影响不显著。西方人由于他们的平等价值取向对社会权力不太敏感，其结果是社会距离占主导地位。在“拒绝”的直间接程度方面，西方文化中有两种情况，一是在关系比较亲密的人之间或社会差距较大的人之间，人们习惯用“No”或“I refuse”等直接性的拒绝方式；二是在关系不够明确的人之间，即在亲密朋友和陌生人的社会关系之间，或对社会地位平等的人，人们习惯用间接性的拒绝方式。例如，表示遗憾的“I'm sorry”，表示积极态度的“I'd like to but...”，陈述理由的“I have a headache”，等等。

在汉语中，为了维护双方的面子，维持双方的和谐关系，人们习惯用间接性的方式来拒绝他人，包括亲戚、朋友、同事、陌生人。中国属于集体主义文化，但集体内和集体外的成员之间是有差别的，即内外有别。中国人对集体外的成员较为冷淡，对他们的拒绝会相对直接，对集体内的成员也有亲疏之分，如对亲戚比较随便，对朋友和同事比较谨慎，因此对朋友和同事的拒绝比对亲戚更为礼貌。

拒绝言语行为属于面子威胁行为，人们普遍认为难以实施，怕冒犯对方，但英汉文化对拒绝语感知的难易程度是不同的。西方人注重个人主义，强调行为的自主性，而中国人强调集体主义，注重人际关系的融洽，因此西方人拒绝他人较为容易，中国人拒绝他人较为困难。

情感在英汉语言中不仅和直接性层面呈正相关，还对直接性层面的变异起决定性作用，这表明情感起的作用比社会距离更大。然而在礼貌值的分析中，情感只对英语文化起决定作用，因为西方人主张个人价值，他们能坦率地说出自己的喜好，而中国人却将其视为没有礼貌。中国人重视人际关系的和谐，他们倾向于隐藏厌恶、气愤等情感。

三、针对文化差异的翻译

在当今时代，“文化”已经渗透到社会的各个角落，反映在人们日常生活的各个方面，承载着丰富多彩的内涵和信息。同样，文化对语言和翻译也有重要影响。语言本身是一种社会文化现象，是社会文化发展的产物。同时，语言也是文化的载体。语言和文化之间的密切关系也决定了翻译和文化之间的密切关系。翻译是两种语言之间的转换过程，不可避免地涉及两种不同的文化。事实上，翻译是一种跨文化的活动。翻译不仅要实现语言对等，还要实现文化对等。

语言的文化内涵是指字面含义背后包含的各种含义，包括褒贬含义、词语的联想和用法，这些通常与语言使用的民族文化密切相关。中国文化是历史悠久的文化之一。这是一种人文文化，强调人的意志、直觉和人与自然的统一与协调。原始象形文字使中国人很容易以图像的形式思考，而语言的具象化方法已经成为中国人的一个特征。

不同语言之间的文化差异客观上增加了翻译和交流的难度，因此，我们的任务不仅是要理解这些差异，更重要的是分析这些差异对翻译和交流可能产生的影响，研究这种影响带来的问题，并寻求克服困难和解决问题的方法和途径，从而提高翻译质量。

不同语言文化差异造成的困难和问题大致可分为两种类型：一种是“翻译失败”，即读者不知道翻译的含义或误解原文的含义；第二是“翻译冲突”，即对其造成误解，特别是与政治思想和外交术语有关的误解，具有更严重的后果。就不同语言内涵的差异所造成的困难和问题而言，这种划分可能有些粗糙。也就是说，它有负面影响，会使误解达到更严重的程度，导致双方之间的冲突和不和，这往往会导致最终的沟通中断。例如，在外交交流中，如果我们不理解不同语言之间的内涵差异，话题选择违反了一方的文化禁忌，远远超出了法规允许的范围，冲突就很容易发生，交流也很困难。

因此，译者不仅要有扎实的语言知识，还要有较高的文化素质，这对翻译实践具有重要意义。在文化全球化的背景下，从文化的角度研究语言和翻译尤为重要。在跨文化交际中，文化相互影响和渗透，对此我们可以理解为以下三个方面。

第一，语言是物质世界的一部分，语言是人类进化和劳动实践的结果。从语言的内部结构系统和人们产生语言的心理过程来看，语言的理解和使用是在人的生理（包括神经）机制和物质时空下发生的，语言的形式和内容具有物质属性，语言符号系统本身的规则和人类认知规律也制约着词语文化意义的产生，因此我们认为词语文化意义是主客观互动的产物。

第二，语言是关于物质世界的理论。语言不仅可以建立我们的概念基础，互动的基础也建立了，语言被构建为客观世界和主观世界之间的认知中介平台，成为人们和客观世界互动的媒介和渠道。人类的一般认知能力是在与环境的互动中通过同化和适应而形成的。语言意义的产生和解释离不开人们的身体特征、生理机制和神经系统。

第三，语言是物质世界的隐喻，是人类思维外化的结果。当了解外部世界的人理解和描述它时，一方面，他们应该受到外部世界本身存在的限制，另一方面，他们应该受到他们所属民族文化的影响。语言不可避免地会在人们的理解过程中"自动"将人类实践外化，并且不可避免地会成为人们在现实的"真理"基础上实现思维创造和价值追求的工具。

语言是文化系统中更有影响力的基本子系统，也是文化系统中其他元素赖以生存的基础。语言是反映民族文化的镜子，一个国家语言的正式组织规则和语义特征也反映了一个国家的文化精神。语言符号系统的编码模式包含一个民族的文化精神和认知模式，语言的人类属性是一个民族的认知属性。语言是人与社会、人与自然之间的纽带，也决定着人们的文化心理。

在研究语言符号系统的功能时，笔者提倡多层次的语言符号系统观，并从语言符号的内部和外部结构来研究词语的文化语义，因为语言是人类文化编码符号和思维外化的结果。没有语言，人类无法将外部客观现实内化为心理现实并将其视为思维对象；没有语言媒介，人类大脑中的思维过程和意识形态内容就无法清晰地被人类表达和感知，因此，语言是表达和理解思想的过程，人们的表达和理解行为本身就是语言。

关于人类语言共性的研究，笔者提出了一种语言和文化的互动认识论。笔者认为，语言深深植根于文化之中，隐藏在语言的内部深处是一个民族的精神特征，这不仅决定了语言的外部结构，也是语言生活的地方。语言的特征是民族文化和精神特征对语言不断影响的自然结果。我们可以从语言的形态结构和组织机制中推断出一个民族的文化特征，换句话说，由民族本身的文化和精神特征决定的语言结构包含了民族精神的特征。语言是文化思维的载体，哲学思想（尤其是一个民族的哲学经典精神）是一个民族文化精神的核心。中西不同的哲学思想孕育了中西不同的哲学思想，中西不同的哲学思想塑造了不同民族的文化精神。这些文化精神塑造了不同民族的语言特征和动机机制，因此一个民族的语言特征是一个民族文化精神的反映，语言、思维和哲学相互影响，它们是外语学习的三个有机环节，是不可或缺的。

总之，语言和文化是密不可分的，可以说，语言与文化是共生的，任何语言都离不开社会习俗、文化背景和历史演变。语言背后有着深刻的文化和文化差异，文化差异包含在语言的表达主体、表达方式和各种特定语境中。如果译者不了解一个国家的文化，就不可能全面准确地掌握一个国家的语言。因此，可以肯定地说，译者对英语和汉语的文化理解越透彻，翻译水平和翻译文本的质量就越高。

第五章　英汉翻译中的词句对比与特殊语言翻译

词汇是文化的产物，研究语言的词汇，就是研究语言最核心的部分。英汉两种语言属于不同的语系，因此在词汇、句式和特殊语言等方面存在明显的差异。只有深入了解差异，才能翻译得体。本章分为英汉词汇的对比与翻译、英汉句式的对比与翻译以及特殊语言的翻译技巧三部分。

第一节　英汉词汇的对比与翻译

一、英汉词汇种类对比

汉语是表意文字，英语是表音文字。表音文字是用字母表示词语读音的文字系统，它以语言的音节或音位为书写单位，相同的音节或音位用不同的符号来书写，如 right/write/rite、to/too/two，就是相同的音节和音位用不同的字母符号来写的，两组单词的读音一样，拼写却不同，意义也不同。表音文字与语言的语音物质材料有直接的联系，西欧诸语言的字形就是由该字的读音决定的，字形与该字的读音形成一定程度上的统一。根据读音，人们就能辨认出它们所代表的词或语素这些意义单位。根据书面符号所代表的语音单位，表音文字又可以分为音节文字、辅音文字和音素文字。例如，日语书写中的假名就是一种音节文字，阿拉伯语、希伯来语、中国的藏语都使用辅音文字。音素文字是一种全面的拼音文字，现代许多民族大多使用音素文字，包括英、德、俄、法等传统地使用音素文字的语言，我国的汉语拼音方案现在也采用音素文字。

实际上，西方拼音文字走的是从概念经过语音的中介再到文字的曲线，拼音文字的字形和词义都只同语音形式发生直接联系，换言之，文字对语音负责，语音才直接与概念发生关系，语音是第一性的，文字只是“符号的符号”。而表意体系的汉字走的是另外一条线，其字形和词义之间不仅通过语音形式发生间接联系，词义和字形之间也存在着直接联系，换言之，作为表意文字体系的汉字与词的联系，同西方拼音文字与词的联系，有着重要的区别：拼音文字同词的音义联系是线性的、抽象的，而表意文字体系的汉字同词的音义联系则是环状的、直观的。西方字母文字与汉字在造字时，一个保持了与语音的统一，一个保持了与物象的统一。这两种不同的统一体现了两种取向：一个取向于语音，一个取向于物，前者体现了逻辑思维，后者体现了形象思维。

就词类而言，英汉语基本相似，都有名词（noun）、动词（verb）、形容词（adjective）、代词（pronoun）、副词（adverb）、连词（conjunction）和感叹词（interjection）等。但是，汉语量词（measure words）发达，量词主要有两类，一类是名量词，如“一个人”“两只鸡”“三份报”“四把椅子”“五架飞机”；另一类是动量词，如“去一次”“走一趟”“等一下”“念一遍”“哭一场”。英语则少量词。汉语中说“一朵花”“一盆花”“一大捧花”，汉语中的“花”字没有任何形态变化。如果翻译成英语，就会碰到名词单复数的问题。

英语有冠词，如 the、a、an，但冠词的用法视具体情况而定。例如，air 作物质名词时，表示“空气”，不用冠词。例如，“Let’s go out for some fresh air.”（我们出去呼吸新鲜空气吧）。但当 air 泛指“空中”或“大气层中”时，须加定冠词。例如，castles in the air（空中楼阁）。

介词是英语里最活跃的词类之一，是连接大单词、短语或从句的重要手段。英语各类介词共约 286 个。介词包括简单介词（如 with、to、in、of、about、between、through）、合成介词（如 inside、onto、upon、within、without、throughout）和成语介词（如 according to、along with、apart from、because of、in front of、on behalf of、with regard to）。与英语相比，汉语中介词数量较少，且使用频率较低，因此多使用动词。在现代汉语中，有许多介词是动词演变而来的。例如，过、到、进、沿等，都是由动词演变而来的。汉语中的介词和连词经常可以省略，特别是在口语中。

另外，英语中的关系代词、副词在汉语中也少有对应的词类，因为汉语没有定语从句。汉语有语气助词，如“吗”“呢”“嘿”等，英语没有。在词类的使用频率上，英语中使用频率最高的为名词，然后是连词和代词，而汉语中使用频率最高的为动词。主要原因是英语与汉语的最大差别在于英语呈静态，而汉语呈动态。英语中常用抽象名词，而且很多名词都是从动词变化而来的，具有动态的含义；而汉语讲究逻辑，不受动词形态变化的约束，使用较多的动词和大量的动宾结构，还存在连动式、兼语式等句式，具有动态性。因此在翻译时，需要运用一些词类转换的技巧。除了名词，英语中连词的使用率也远远高于汉语，因为英语重形态结构，而汉语重内在联系。英汉翻译时，可用相应的省略法解决这一问题。另外，英语代词的使用率也高于汉语，在做英译汉时也常常略而不译。

汉语是声调语言，声调指音节高低升降的变化。普通话语音系统中共有四种声调，调值分别是阴平、阳平、上声、去声。声调既是汉语中重要的语音表达手段，还是辨别语义的重要手段。在很多情况下，同一字形，不同的读音可以表示不同的意义。汉用汉语拼音字母注音，一个音节一般由一个韵母和一个声母构成，一个音节往往表示一个汉字。汉语的音素分为声母和韵母两大类。在现代汉语中，声母一共有 21 个，韵母一共有 36 个。

英语是语调语言，用国际音标注音，英语音节的构成比汉语复杂得多，一个元音可与一个或两个辅音甚至三个或四个辅音（辅音连缀）构成音节，一个单词有时候由一个音节构成，有时候由多个音节构成。英语的音素分为元音和辅音两大类。英语国际音标共 48 个，其中元音 20 个，辅音 28 个。

二、英汉词汇构词对比

任何语言都有一套方法，运用已经存在的形式或概念而组成新的思想和概念，这一组合过程具体表现为构词。作为语言系统的一个方面，构词系统是语言使用特定手段构成词汇的规则和方法的总和，是词汇和语法这两个要素相互作用的场所。构词法研究的是新词构成的规律及现存词汇的结构和语义。英语是拼音文字，字母组合成音节就可构成词汇；汉语是有表意倾向的音节文字，现代汉语的语素大部分是单音节语素，它们可自由组合成词汇。

（一）合成法

合成法是指用两个或两个以上的语素组成新词的方法，该方法主要用于构成动词、名词、形容词或副词。

1. 英语合成词

outlive= *adv.* out+*v.* live

overcharge=*adv.* over+*v.* charge

sunshine=*n.* sun+*n.* shine

一般而言，合成词中两个语素同属一个类别，那么构成的新词与两个语素属同一类别。

名词 + 名词 = 复合名词

例如，boyfriend、roommate、classroom 等。

很多情况下，当两个语素属不同类别，那么构成的新词将与第二个或最后一个语素属同一类别。

名词 + 形容词 = 复合形容词

例如，watertight、lifelong、headstrong 等。

动词 + 名词 = 复合名词

例如，pinchpenny、daredevil、sawbones、pickpocket 等。

2. 汉语合成词

合成法是汉语的主要构成方式，有以下五种类型：主谓关系（主谓式）、动宾关系（动宾式）、动补关系（补充式）、并列关系（联合式）、限定关系（偏正式）。

主谓关系（主谓式）：心跳（名词）、头疼（动词）、心虚（形容词）、地震（名词）。

动宾关系（动宾式）：司法（名词）、唱歌（动词）、刺骨（形容词）、到底（副词）。

动补关系（补充式）：过来（动词）、提高（动词）、分明（形容词）、赶快（副词）。

并列关系（联合式）：朋友（名词）、波浪（名词）、舍弃（动词）、敏捷（形容词）。

限定关系（偏正式）：血迹（名词）、闲谈（动词）、雪白（形容词）、万分（副词）。

（二）语缀法

语缀法是在词根上加前缀或后缀构成词汇的方法。一般而言，加前缀会发生意义变化，加后缀会改变词性。

英语词缀（前缀和后缀）构词法如下。

① -y

sunny，cloudy，windy

② -able

readable，understandable，drinkable

③ -ness

kindness，goodness，happiness，awareness

汉语里的语缀是词的附加成分，有些有词汇意义，有些没有词汇意义，有的后缀还能起到语法的作用。

（1）不改变词性

①巴

结巴，锅巴

②老

老乡，老伙计

③工

工笔，工整，工巧的

（2）改变词性

①化

电气化，标准化，美化，简化

②可

可人，可心，可取

③然

天然，井然

英汉互译时应注意以下问题。

第一，同一个英语语缀可能对应汉语中的多个词素。比如，anti- 与某些社会行为、社会意识组合时经常译成“反”，如 anti-terrorism（反恐）；与某些物质或自然现象组合时常译成“抗”，如 anti-cancer（抗癌的）；另外，anti- 还可有其他译法，如 antiseptic（防腐剂）。

第二，汉语中的有些动词加上语缀，如“家、者、手、员”等，成为进行某种行为的人，但这些后缀所指的对象和范围通常会有些差异，如“作家”和“作者”，“歌唱家”和“歌手”，前者比后者更有社会威望或社会地位。而在英语中，“作家”和“作者”都是同一个词“writer”，“歌唱家”和“歌手”也是同一个词“singer”。

（三）转换法

词汇由一种词类转化成另一种词类，这种情况叫作转化或转类。英语中存在大量的转类词，转化后的词义与原来的词义相关，但有时会改变读音、词尾或拼写方式。

英语词性转换通常在名词和动词之间进行。

drink *v.* 喝，饮 *n.* 饮料

taste *v.* 品尝 *n.* 味道，品味

catch *v.* 抓，捕，感染 *n.* 捕获物

词性转换这种现象在汉语中又称为“词的活用”。这在古代汉语里比较常见，而在现代汉语里，词性转换不如以前灵活，主要是通过词汇在句子中的顺序来加以判别的。英汉互译时应注意以下问题。第一，英语中由动词转化而来的名词通常可以指相应动作的对象或结果，构成该动词所表达的事件的一部分，如 catch 可指“捕获物”，pay 指“薪水”等。第二，英语中某些由名词转换而来的动词所表达的意思或许与原来名词的意义有所出入，翻译时需要考虑语境，注意对原词的意义引申。

（四）缩略法

缩略法就是把词缩短，不改变词义，也不增减意义。英汉语言缩略的主要方式是首字母或首字缩略法。汉语的缩略法常常按照一定的规则将包含有若干音节的词组缩略成尽可能少的音节，缩略后的词组易记易写，使语篇简洁、行文利落。

缩略词的翻译方法大致有两种：其一，采用译入语中类似的缩略形式。例如，International Olympic Committee 意为“国际奥林匹克运动委员会”，其缩略形式为 IOC，可以采用缩略法译为汉语中的“国际奥委会”。其二，空缺，如汉语中的“科研”在英语中没有相应的缩略形式，只能译成完整形式“scientific research”；英语中的 VOA 在汉语中也没有相应的缩略形式，不能翻译成“美音”，会造成误解，使人误以为是“美式发音”的缩写，所以只能译成完整的“美国之音”。

三、英汉词汇含义对比

（一）词义特征

英语词义最显著的特征是词义丰富、灵活多变。因此，要更多地根据上下文理解英语词义。例如，“grandfather”在英语中包括“祖父”和“外祖父”两种含义，需要根据上下文确定词义。再如，“aunt”在英语中包括多种含义，即“阿姨”“姨母”“伯母”“姑母”“舅母”，也需要根据上下文确定词义。

一词多义的现象在英语中表现得十分突出。

汉语词义的主要特征是言简意赅、表意准确、辨析精细、形象鲜明。尽管汉语以单字为本，但其组词方式灵活，搭配能力很强，词义延伸能力也很强，因此词义也十分丰富。例如，“生”就具有很强的搭配能力，能延伸出丰富的词义。能表示与人生相关的含义，如生命、生活、生长、生计、生育、生病、生平等；能表示不熟的含义，如生硬、生字、生僻、生肉、陌生等；能表示“学习者”的含义，如学生、实习生和招生等。

（二）词义范围

虽然英语词汇中有许多多义词，但是英语词汇的词义范围较窄，对事物的描述比较具体。英语中的单义词数量很多，但单义词只能描述一方面的特点，因此英语中对事物的分类十分详细。英语中的外来词很多，这些外来词推动英语词义更加精细化。随着英语的不断发展，一些多义词逐渐解体，演变为几个不同的单义词，还有一些词演变成新的词。

【示例】drought（拉）—draft（草稿）

urban（城市的）—urbane（有礼貌的）

curtsey（女子的屈膝礼）—courtesy（礼貌）

汉语词汇的词义范围较广。在汉语中，一词多义的现象也十分突出，词汇的含义要根据上下文来确定。汉语词汇的概括性要大于英语词汇。例如，汉语中的“空”具有很高的概括性，而英语中的“空”则有很多种情况，“empty”表示里面没有东西，“hallow”表示空心的，“vacant”表示未被占用的。汉语中“问题”的概括性也很广，要解决的问题在英语中用“problem”来表示，要回答的问题用“question”来表示，困难问题用“trouble”来表示，讨论的问题用“issue”来表示。汉语中“经验”的含义也很多，知识用“knowledge”来表示，教训用“lesson”来表示，技巧用“skill”来表示，经历用“experience”来表示。

（三）内涵意义

在英汉词汇中，许多词汇不仅有其概念意义，还有其内涵意义。内涵含义不能单独存在，必须依附于概念意义，在人的头脑中产生某种联想。英汉词汇中有许多带有内涵意义的词汇，而且英汉词汇的内涵意义有一定的差别。例如，汉语中的“莲花”表示高洁、清廉，联想到“出淤泥而不染”，而英语中的“lotus flower”则没有这种内涵意义。再如，英语中的“individualism”强调个人价值的重要性，但在汉语中“个人主义”表示以自我为中心的自私心理趋向，属于贬义含义。英汉词汇不同的内涵意义反映了英汉民族不同的价值观念。

（四）词义对应关系

不管生活在世界哪个地方，人类的生存都离不了衣食住行，以及更高形式的实践活动，所有这些都构成了语言所要反映的内容。使用不同语言的民族对客观世界的实践活动具有相对一致性，体现在语言的表达上也往往具有相对一致性。然而不同地区的人的活动形式因当地的主客观条件的制约是有其差异的，这就使得他们的语言系统中词语的指称意义也有相应的差异和共同之处，英汉语言也不例外。英语和汉语都有丰富的词汇，这些词汇存在着一定的对应关系。总的来说，英汉词语在词义方面存在着以下三种对应关系：基本对应、部分对应和词汇缺省。

1. 基本对应

英汉语言中意义完全对应的词是罕见的。能真正对应的词主要是一些专有名词和专业术语。这些词语有一个共同特征，即含有的特定文化意义比较少。因此在翻译的时候也比较容易处理，只需要采用直译的方法将其字面意思译出即可。值得注意的是，虽然基本对应的词一般可采用词字对应的译法，但有时为了达到某种特殊效果，也可以采用意译的方式进行翻译。

2. 部分对应

由于英汉两种语言分别属于不同的语系和不同的民族，因此在一种语言里往往很难找到与另一种语言完全同义的词语。英语和汉语中大多数词语都是属于部分意义对应，即某些意义相同，但绝非所有意义完全相等，这通常是因为人们对客观事物划分的范围和详细程度并不相同。具体来讲，英汉词义部分对应还可以分为以下几种情况。

英语中一词多义的现象比较常见，一个词所表示的意义往往是汉语中多个词的意义的总和。例如，school 对应上学、授课时间、学派、研究所、院系、学校等。汉语中一个词语也可以对应多个英语词语。例如，杯子对应 glass、cup、tumbler 等。英汉语中一词多义的现象提醒我们，在英汉互译时，应根据具体语境来判断英语词语的确切含义，并用恰当的词语表达出来。例如，如果把含有 take off 的句子或短语“The plane takes off”“take off foot”和“The economy takes off”翻译成中文，就不能将 take off 直接译为“起飞”，而应根据具体情况和前后语言环境，分别译为“飞机起飞”“起跳脚”和“经济腾飞”。

英语中部分对应的词语除了一词多义外，还有一些词是部分重合的，即词语中的某个义项是重合的，但仍有其他义项是不对应的。例如，英语中的动词有的既有过程意义又有结果意义，而汉语中的动词一般只有过程意义，如“break”既有“砸”的意义又有“碎掉”的意义，对应的是汉语词语“砸碎”，所以当汉语“砸”译为英语时，就不能直接译为“break”。

部分对应的词语大多是一词多义，这类词语对上下文的依赖性较大，其中英语词语尤其如此。因此在翻译时一定要注意综合上下文的逻辑关系，在许多不同的词义中选出最确切的词义。

3. 词汇缺省

汉词语在词义上的第三种对应关系是词汇缺省，即汉语中的有些词汇在英语中找不到相对应的词，或是英语中的某些词汇汉语里没有。词汇缺省往往是因为自然环境、历史文化、民族风俗、文化科技等方面的差异导致一种语言中的概念在另一种语言中缺失。例如，由于气候寒冷，经常下雪，因纽特人的语言中关于“snow”的词语不下十几种，而在气候比较温暖的其他地区，关于“snow”的词语往往就比较少。

中国和英国有着自己特色的历史文化和民族风俗，因此许多有关特色文化的词语都是在对方语言中找不到对应关系的。再者，汉语语言中含有量词，如“一个人”“一棵树”“一件大衣”“一把伞”中的“个、棵、件、把”。而英语中却只有数字，没有量词，这几个词语的翻译为“a person”“a tree”“a coat”“an umbrella”。

此外，词汇缺省的现象还大量存在于一些新词中，包括专有名词和术语以及一些反映代社会现象的词语。随着当今科学技术的迅猛发展，人类进入知识大爆炸的时期，许多新词层出不穷。然而，由于各国的发展并不是同步的，同样地，语言发展的速度往往也不是同步的，这就造成了一些语言所表达的意义在另一些语言中找不到对等的表达方法，从而给翻译造成了很大的困难。当一个语言中的词汇的意义不能在另一个语言中找到现成的词语，也就是词汇缺省时，一般采用解释、音译或两者结合的方法来解决对应词语空缺的问题。

四、英汉词汇形态对比

（一）内部形态

西方语言学中的构词法也叫形态学，汉语研究中只有构词法而没有西方经典的形态学。形态学中的语素是指语言中最小的有意义的单位，它分为自由语素和黏着语素两类，黏着语素又可分为词根和词缀。缀合法就是语言中的词汇通过添加词缀而改变词义或词性，词缀分为屈折型词缀和派生型词缀两类。西方语言主要通过缀合法来实现构词或给词汇加上语法标记，使词与词的组合关系一目了然。例如，派生型前缀 un-、non-、in- 等可表示否定含义，而派生型后缀 -sm、-er、-ment 等除附加新词义外，还可表明该词语的词性为名词。

在现代汉语语法学中，有一个与英语 morpheme 概念大体相当的概念，这个概念开始是“字”，后来被称为“词素”或者“语素”。由于汉语缺乏明显的形态标记，汉语词性往往要通过它在句子中的词序或位置加以判别。可以说词序和搭配在汉语里是重要的语法手段。

（二）附加形态

英语附加形态包括名词单复数、动词时态变化、动名词、不定式、形容词和副词比较级、最高级及代词的主格、宾格、所有格等形式，表示词在句中的语法功能。汉语则仅凭词序来决定词在句子中的语法作用及句子的意思，并无任何词形变化。虽然汉语也有一些“词头”或“词尾”变化，如词尾“× 子”可以指人，如孩子、瞎子、胖子；也可以指物，如箱子、刷子、椅子；还可以指时间，如日子等。类似的还有“× 儿”“× 员”“× 们”等。但汉语词形变化比较少，而且它们只是相当于类词缀，派生能力弱，所以说汉语是以分析型为主的语言。

例如，“我感到很痛”翻译成英语，只能说“I feel great pain.”，而不能说“I am painful.”。因为 painful 表示“使人痛苦的，让人疼痛或讨厌的”，它的主语往往不是人，而是事物或人体的某个部位。例如，我的左脚痛（My left foot is painful），教训是惨痛的（The lessons are painful）等。“我感到很痛”如果说成“I am painful.”，别人会以为你全身带电或浑身长刺，别人碰了你就会疼，是你让别人痛苦，而不是你自己痛苦。如果两只脚因走路太久而疼痛，可以说“My feet are killing me after a long walk.”。

（三）外部形态

外部形态包括助动词（be、have、do、shall、will），情态动词（shall、will、would、should），比较级、最高级中的 more、most 等，表示时态、语态、语气等语法意义。例如，英语 book 表示书的单数，books 则表示书的复数。也可借助内部变音或元音互换与辅音互换的方式表示复数，如 foot（脚，单数），feet（脚，复数）。英语陈述句中现在时态单数第三人称要加 s，或借助词根形式表示时态。英文用形态表示时态，而汉语却用词汇手段表示。

【示例】I am writing a letter now.

我现在正在写信。

I wrote a letter yesterday.

我昨天写了一封信。

I have written a letter a week before.

我一周前就已经写了信。

I shall write a letter tomorrow.

我明天写信。

同样都是行为动词“写”字，汉语只用一个“写”字，英语只有第四句用原形 write，其余三句都用不同的词形变化来表示“正在写”“写了”“已经写了”。汉语“写”本身没有词形变化或时间观念，只能借助助词、副词或上下文来表示时间观念。英语原文中的时间副词都可省略，不影响意义表达，而汉语如果省略时间副词，含义就不清楚了。

现代英语不断从综合性语言向分析性语言发展。在现代英语词汇中，许多名词和形容词已经失去了词汇形态变化，因此名词和形容词的搭配就不要求性、格和数等方面的一致。在英语中，句子的顺序也逐渐固定下来，和汉语句子中主干部分的词序基本相似。

英语靠词形变化连词组句，运用形态变化来营造语法关系。英语的形合手段主要有形态变化和形式词这两种形式。形态变化，如英语名词有单、复数之别，非谓语动词形式有不定式、现在分词和过去分词，其形合作用十分精微。

汉语词汇缺乏形态变化，汉语的词用在句子里时，没有表示语法关系的词形变化，汉语名词不会改变自身的形式变为复数，汉语动词也不会发生形态变化，但可以借助一些半独立的词语来表示，隐含在句中。英语中没有汉语中的量词（如个、把、件、双、笔等）和语气助词（如乎、也、者、啊、吧等）。因此，在英译汉中，译者应根据英汉在词汇形态上的差异，采取相应的措施。

（四）表达倾向

英语倾向于多用名词，因而叙述呈静态；汉语倾向于多用动词，因而叙述呈动态。英语的静态倾向主要表现在英语常常用名词、介词短语、形容词或副词等表达动词的意义，其动词相对弱化或虚化。而汉语的动词则非常活跃，动词或者动词词组几乎可以充当句子的任何成分。连动式和兼语式的句子至少包含两个或两个以上的动词。英汉在这方面的区别与关联主要表现在以下方面。

英语中的名词用法非常广泛，经常用来表达原本属于动词表达的信息。

【示例】The present onslaught of vehicles poses a serious threat to urban life and pedestrian peace of mind.

当前，车辆横冲直撞，严重地威胁着城市生活，路上行人无不提吊胆。

Be part of our growth.

和我们一起成长。

这种名词优势往往可以使表达比较简洁，造句比较灵活，行文比较自然，也便于表达较为复杂的思想内容。但是名词化的不足也很明显，过分使用名词会使行文冗长、含糊、缺乏活力和动态感。

英语可以通过加后缀的方式（如 -er/-or/-ar）将动词转变为名词，这些名词既可以表示动作的执行者、身份或职业等，又保留了原来动词的意义。这类词在译成汉语时往往依然需要将之译成动词。

英语擅长名词连用，构成结构简单、词数少而信息量大的短语，反映了现代英语追求简洁的总趋势。英语的名词作定语有很多功能和意义。名词作定语大大缩短了句子，甚至可以几个名词连用作定语，使表达简洁。

【示例】school examinations board 学校考试委员会

animal rights group 动物权利组织

汉语动词的连用现象非常普遍，如“你快给他打电话叫他来把车开走，把车位腾出来”。除了汉语的动词连用现象，还有动词叠用。

英语常常用形容词或副词表达动词的意义。

【示例】Don't be so difficult！

不要刁难人！

汉语中的形容词有时候甚至被当成动词来用，如“痛并快乐着”。

名词使用多了，与之相随的介词（尤其是 of 短语）也必然增多，与此同时，富有活力和生气的动词也就相应减少，这就使英语的静态倾向更加明显。英汉之间越来越频繁的互动使得两者呈现出趋同的倾向，很多英语中的静态用法也在影响着汉语的表达。因此在英译汉中，常常要将原文的名词译成动词，原文的静态转换为动态，以符合汉语的表达习惯。

【示例】Hearing Debs was an experience.

听德布斯演讲可真带劲。

Reading makes a full man；conference a ready man；and writing an exact man.

读书使人充实，讨论使人机智，笔记使人准确。

汉译英中，经常要将原文的动态转化为静态，以符合英语的表达习惯。

①英语常常用“介词 + 名词”等短语取代汉语中的动词短语。

【示例】冒险 be at risk/be at stake

免不了遭受 be in for

不知他们是赞成，抑或是反对。

I wonder if they are for or against this.

有人给他撑腰。

He has someone behind him.

②用施事名词或其他名词化用法取代动词。

【示例】再试一次 have another try

晕船 be a bad sailor

他上课时不停地看表。

He is a clock-watcher in the class.

她好说别人闲话。

She is a gossip woman.

五、英汉词汇文化翻译问题

（一）词汇空缺

汉语和英语都有其独特的语音、语法和词汇系统，都有独特的概念和思想。英语和汉语之间虽然存在着一些共性，但更多地呈现出其自身的特性，其特性表现在词汇上会形成概念的不对应，即词汇空缺。

中国在几千年的封建社会下形成了严密的封建宗法关系，而西方的宗法关系则不十分严密，家庭结构也较为松散，这点可在亲属称谓上得到佐证。与汉语相比，英语词汇在亲属称谓方面表现出明显的词汇空缺。在汉语中，长幼有序，男女有别，亲疏关系分明。例如，汉语中有“哥哥”“弟弟”的不同称呼，区分长幼，而英语都用“brother”来表示；汉语中的“姐姐”“妹妹”，英语都用“sister”来表示；汉语中的“孙子”“外孙”，英语中都用“grandson”来表示；汉语中的“叔叔”“伯伯”“舅舅”“姨夫”“姑父”，英语中都用“uncle”来表示。

汉语中一个词能表达的概念，在英语中就可能需要运用多个词，加上解释性的语言。例如，汉语中的“嫂子”，英语中的表达为“sister-in-law”。但“sister-in-law”的含义不仅包括“嫂子”，还包括“弟媳”“小姨子”“小姑子”等含义。可以说，英语中没有准确的“嫂子”的对应词，如果翻译成“elder brother's wife”，也只是一种解释性的语言。

在英汉词汇翻译中，译者应仔细揣摩由词汇空缺造成的文化冲突，了解词汇背后的文化内涵，可转换角度，寻找变通的方法，将源语言的内涵传递给读者。变换角度是处理词汇空缺的重要手段。

（二）语义空缺

语言是文化的载体，是各民族精神的外在表现。不同民族处于不同的文化背景，会形成不同的价值观念和思维模式，从而造成语义空缺。译者在英汉翻译中应该遵循语义优先的原则。

英汉词汇中存在许多概念意义相同，但内涵意义不同或者缺项的词汇。例如，汉语中的“杜鹃”不仅是一种鸟的名称，还是一种花的名称。“杜鹃”作为一种鸟，在汉语中的内涵意义是离别、悲凉、哀伤、思念，其英语对应词为“cuckoo”，但英语中的内涵意义却是拆散他人骨肉的人；作为一种花，“杜鹃”在汉语中可表达爱意，其英语对应词为“azalea”，但是“azalea”和“cuckoo”都没有汉语中的内涵意义。由此可见，汉语中的“杜鹃”和英语中的“azalea”“cuckoo”存在文化缺项。

英汉语言中都存在许多一词多义的词汇。同一个词汇，在不同语境下可能会产生不同的含义。译者在翻译时要把握语境，了解词汇的真实含义，以解决语义空缺的问题。例如，“醋”在两种不同的语义环境中就可能内涵不同。在汉语中，与“醋”相关的词语可以表示嫉妒关系，如“吃醋”“醋意”等，但在英语中“vinegar”却没有这层文化含义。再如，汉语中的“松”“鹤”有长寿的文化含义，与其搭配的很多词语都有长寿的寓意，如“松鹤延年”“鹤发松姿”等，但英语中的“pine”“crane”却没有这层文化含义。

在英汉语言交际中，语义空缺需要根据词汇的实际语境去弥补。语境不仅受到语言因素的影响，还受到言语因素的影响，与客观世界的具体事实相对应，与交际者的个人背景相关。译者需要充分考虑以上多种因素，才能恰当处理词汇空缺和语义空缺的问题。

六、英汉词汇文化翻译技巧

从上述内容可知，英汉词汇有着不同的特点，在很多方面存在差异性。要想进行英汉词汇翻译，就应掌握足够的翻译技巧，了解一定的文化背景知识。

下面介绍几种英汉词汇翻译技巧。

（一）寻找对等词

所谓寻找对等词，就是在目标语中寻找与源语言词汇含义相同或相近的词汇。由于英汉词汇都有一词多义的特征，因此在翻译过程中要根据具体语境，选择最恰当的词汇进行翻译。

【示例】As luck would have it，no one was hurt in the accident.

幸运的是，在事故中没有人受伤。

As luck would have it，we were caught in the rain.

真倒霉，我们挨雨淋了。

（二）词性转换

由于英汉语言的词汇在类别上不是一一对应的，因此译者在翻译过程中需要将原文词汇的词性转换成目的语中的另一种词性。转译法使译文更加通顺，符合译文的表达习惯。但需注意的是，转译法不可胡乱转换，应保持原文意义。

【示例】The operation of a computer needs some knowledge of its performance.

操作计算机需要懂它的一些性能。（名词转换为动词）

...and that government of the people，by the people，for the people...

民有、民治、民享的政府。（介词转换为动词）

All the students say that the professor is very informative.

所有的学生都说那位教授使他们掌握了许多知识。（形容词转换为名词）

（三）拆译

当原文中的句子较为复杂，较难将原文信息转化为译文信息时，可以将长句进行拆分，用简单的短句来表达长句。需注意的是，运用拆译法的前提是保证原文意思不变，不可对句子进行盲目拆分。

【示例】There is also distressing possibility that Alunni isn't quite the catch the police thought.

还存在这样一种可能性，被抓住的阿路尼不见得就是警察所预想的那个人，这种可能性是让人泄气的。

（四）增译

由于中英双方的文化存在差异，一些词语如果直接翻译就可能意义模糊不清，表达不清晰明确。因此，译者在忠实于原文意义的基础上，可对原文信息进行增减处理。翻译时常使用增译法，即在原文内容的基础上增加一些必要的词语，以更加完整地表达出原文的含义，使译文从整体上更加严谨、清晰，且符合译入语的表达习惯。增译法从本质上而言是为了更加忠实于原文且保证译文的质量，在内容、形式和文化背景与联想意义上与原文相对等。

【示例】Day after day he came to his work—sweeping，scrubbing and cleaning.

他每天来干活——扫地、擦地板、收拾房间。

（五）省译

由于英汉语言在文化、表达习惯方面存在差异，因此，在翻译时除采用增译法之外，相应的还需使用省译法。省译法就是将原文中表达的一些内容进行省略，因其在译文中显得多余又没有什么实际意义，故将其进行省略。需注意的是，删减不是随意进行的，而是要做到“减词不减意”。

【示例】Different kinds of matter have different properties.

不同的物质具有不同的特性。

In spring the day is getting longer and longer and the night shorter and shorter.

春季白天越来越长，夜晚越来越短。

Early to bed and early to rise is the way to be healthy and wise.

早睡早起使人健康、聪明。

第二节　英汉句式的对比与翻译

一、英汉句子语序对比

尽管人习惯于把自己看作智能生物，但实际上，人的行为远没有摆脱感情的制约。人也是情感生物。人的行为，包括语言行为，也受情感因素和性格因素的影响。英汉民族情感或性格的一个重要差别就是英语民族倾向于直接性，而汉民族倾向于间接性。所谓直接性就是说话直来直去、开门见山；所谓间接性就是说话委婉含蓄。尽管直接性程度因人而异，因交际情景而异，因民族而异，但一般说来，西方人比亚洲人更富直接性，英语民族比汉民族更富直接性。

英语民族比较倾向于直接性，习惯将核心词放置于表示非核心意义的修饰语前面。如果修饰语比较短，可以将修饰语放置在核心词前面，但如果修饰语比较长，就必须将修饰语放置在核心词后面，保证核心词尽早出现。汉语民族由于倾向于间接性，习惯将核心词放置于表示非核心意义的修饰语后面，将重要的信息留到最后，这符合汉语民族含蓄的性格特点。

英汉语言在地址、日期等方面的语序差异也体现出英汉民族的直接性和间接性差异。英语民族倾向于直接性，因此把最具体的信息放在前面，而把具体性差的信息放在后面；而汉语民族倾向于间接性，因此把具体的信息放在后面，把具体性差的信息放在前面。

英汉语言在疑问句方面也体现出性格差异。汉语中的疑问信息主要位于句尾，而英语中的疑问信息主要位于句首。将疑问信息置于句尾符合汉语民族的间接性性格，置于句首符合英语民族的直接性性格。

由于英语是以综合型为主向分析型过渡的语言，有较丰富的形态和语法手段，所以英语中有很多倒置现象。汉语是分析型为主的语言，语序相对固定，很少有语序倒置现象，主谓倒装句也多出现于口语中。因此，将英语倒装句译成汉语时，一般采取正常语序（“主 + 状 + 谓 + 宾”的结构），有时需根据具体情况加入一些象声词或副词（只、才、都、只要……就等），以增加句子的动感。

定语是句子中的重要修饰成分，主要修饰主语和宾语，说明事物的属性、特征和类别。英语中的定语位置较为灵活，主要分为两种情况，一种情况是用单词作定语时，将定语放在被修饰词前，另一种情况是用短语或从句作定语时，将定语放在被修饰词后。汉语中的定语位置较为固定，一般都放在被修饰词前。因此，翻译定语时要根据各自特点做相应的调整。

状语也是句子中的重要修饰成分，可用来修饰动词、形容词、副词、整个句子，说明句子的原因、方式、条件、结果、地点、时间等。状语通常由副词类（名词短语、介词短语、不定式、分词、副词）充当。英语中状语的位置也较为灵活，主要分为两种情况，一种情况是以单词作状语，可将状语置于句首、句中或句末，另一种情况是状语较长，要将状语置于句首或句尾，不放在句中。汉语中状语的位置比较固定，通常放在被修饰词的前面，先交代事情发生的背景情况。英汉互译时，有时需要对状语的位置做相应的调整。

二、英汉句式结构对比

东西方民族思维方式不同，表达方式和语序也不同。东方民族思维形式重在综合，中文注重整体和谐，句子结构以动词为中心，以时间顺序和空间顺序为语序链，形成流水型句式结构。潘文国教授认为，英语句子是树式结构，重形合，多用替代；而汉语句子是竹式结构，重意合，多用重复。

汉语多流水句，一小句接一小句，很多地方可断可连。流水句像竹子一般，用节节短句逐点交代，把问题层层展开，往往将句中的次要语义部分放在句首，而将语义重心放在句子的末尾。

英语形合句的突出特点是树式结构。所谓树式结构，有三层意思：①句子有一个基本的主干；②所有的枝杈都是从主干上分叉出来的；③句子的复杂不影响句子的基本主干。基本主干就是指主谓一致的原则。英语句子以主谓结构为句子主干，以谓语动词为句子中心，通过各种反映形式关系的动词不定式、介词、分词、连词、代词等将其他句子成分构建起来，形成由中心向外扩展的空间形式。而在汉语句子中，结构较为松散，主要是以意役形，句子成分之间的关系是意义暗示。

此外，从主语方面来看，汉语句子中经常省略主语。在有主句的情况下，多为人称主语；英语句子重主语，除口语外，主语在英语句子中一般不能省略，且多为表示事物的物称主语。

英语传承古希腊文的传统，对句子的逻辑连贯性有着非常严格和规范的要求。在希腊文的传统中，词语的逻辑顺序和思维的逻辑形体是默契一致的。古代希腊出了很多著名的演说家和逻辑学家，像苏格拉底、亚里士多德、柏拉图、安缇芬、安多西德等，人们都是最为雄辩、最为杰出、最负盛名的口才家，他们在演说和辩论的过程中，养成了语言上严密的思维和强大的逻辑能力，能在语言的细微之处找到别人表达上的疏漏，从而在语言辩论中战胜对方。所以，在英语的句子逻辑结构中，人们用清晰合理的词法和句法来表达他们清晰合理的思维内容。在杂乱无章的语言表达中，一个人的思维逻辑肯定也是紊乱的，而杂乱无章的语言表达是没有意义的。在这样的逻辑背景下，英语特别注重句子之间的形合，通过词语、逻辑关系来排列形式完全吻合的句子，从而充分表达说话者的逻辑思维。

在汉语中，逻辑学研究出现得就比较晚，表达习惯也是注重直觉的感受，强调表达中的意念交流，认为只要能够充分表达思想就可以了，词语和句子的形式是次要的。汉语中词语之间的关系，甚至句子之间的关系，都是隐藏在它们所表达的意群之中的，是隐藏在字里行间的。一些中国古代学者认为，只要把所想表达的意思充分表达出来即可，可以不用注重其中的表达形式。

在语言的逻辑关系中，句子内部或句子之间通常采用以下三种方式进行连接，即词汇手段、句法手段以及语义手段。其中前两种手段注重语法，一般称为形合，第三种是通过相关的句子含义来进行逻辑关系连接的手段，一般称为意合。

三、英汉句子成分对比与翻译

（一）英汉主语对比与翻译

在英汉互译过程中，由于英汉两种语言之间的差异，原文与译文的主语不一定会完全对应。英语强调句子结构的完整性，行文时注意突出句子的主干，主语是不可或缺的，而汉语的模糊思维和意合特点决定了汉语句子不甚强调主谓结构的完整性。很多情况下，汉语句子可以省略主语或根本不需要主语。就翻译而言，主语的确定和翻译成为汉英转换中的重点和难点。

在汉译英中，主语方面的问题有如下两种。

第一，无主句的英译。无主句就是没有主语的句子，主语或省略或隐含，属于结构不完整的非主谓句之一。汉语中存在大量的无主句源于汉语的主体意识。汉语中“活到老，学到老”“吃一堑，长一智”等都是典型的无主句。无主句属于汉语中常见且独特的语言现象，充分体现了汉语的行文优势，这不仅有利于突出动作意念的表达，而且还能产生简洁明快的效果。相对而言，英语的句法结构完整（除祈使句和感叹句以外），必须有自己的主语。因此，在英译汉语无主句时，应增添主语。一般而言，主语增补的方式如下。

一是增添泛指人称代词。汉语用第一人称叙述事情且认为不言自明时，就会省略主语“我”“我们”，英译时需增添对应的人称代词“I”和“we”。汉语人称主语在上下文已经提到的情况下，人称主语常常不言自明而被省略，英译时需添补出来。二是译为被动结构。英语被动结构中的主语常常处于隐藏状态，这种行文特征恰好与汉语无主句相吻合。因而，在英译汉语无主句时，可将某些无主句转换为英语的被动结构。三是译为其他句式。汉语无主句的转换应灵活处理，译者可以选择特定的句式、句型或表达形式，前提是要合乎译入语的句法规则。

第二，主语省略句的英译。主语省略句指的是省去主语的小句或分句，此类句子虽没有主语，却不乏主题或话题。汉译英时，原文主语的缺失会给转换带来困难，译者必须深谙两种语言在主语运用方面的差异性，合理适当地安排省略了主语的小句或分句。

（二）英汉谓语对比与翻译

英语中主语和谓语构成句子的主干，谓语又形成了整个句子的焦点与核心，也就是说英语的每个句子都必须有谓语，而且谓语中必须有一个动词。英语的动词谓语有时态、语态等丰富的形态变化，还须与主语保持数上的一致，呈现出一种以主谓结构为主轴，以动词谓语为核心，其他句子成分围绕主语和谓语散开的样态。

汉语既可以有谓语，也可以无谓语。汉语句子的谓语除了使用动词以外，名词、形容词、数量词和代词都可以作谓语。谓语中也可以出现没有连词连接的一连串动词，即连动式或兼语式。汉语中的动词谓语无形态变化，和主语也不存在人称和数上的一致关系。

连动式是指由若干动词或动词短语充当谓语的句子，或由连动短语直接构成的句子，其特点是各连动项描述的是同一主语且各连动项相对独立，共同构成句子的谓语，可用来表达目的、方式、因果等逻辑关系。英语中也存在并列谓语，类似于汉语连动结构的谓语并列现象，有所不同的是，汉语中各成分之间的关联或连贯为意合方式，而在英语谓语并列结构中，最后两项并列成分一般要用 and 或其他连词来联结。

鉴于以上英汉两种语言的句子中谓语的特征，可以说汉语连动结构的转换即是将原有动词进行主次划分的过程。也就是说，连动式英译时，译者应首先确定表达焦点信息的核心动词，并与动作主体构成完整的主谓结构，然后将表达次要信息的动词外围化，其借助的手段可以是非谓语形式、介词短语等。

（三）英汉定语对比与翻译

从语义的角度来区分汉语中的定语，可将其分为描写性定语和限制性定语。英语除了这种区分，还有限定和非限定之分。从位置上讲，英语中的定语可以放在被修饰词的前面，也可以放在后面；但汉语里的定语通常放在前面。英语和汉语在定语使用上存在不少差异，这也造成了英汉互译的困难。

英语句子中的定语可以是单词（形容词、代词、数词、名词、分词）、短语（分词短语、不定式短语、介词短语）以及定语从句。汉语定语主要是单词，包括形容词、名词、代词、动词，以及各种词组。英语中的动词需要改变形态，成为非谓语动词，才能充当句子的定语；而汉语中的动词可以直接作定语，不需要发生形态的变化。

英汉两种语言都有前置定语和后置定语，但两者之间存在很大的差异，在翻译时需要注意以下几方面。第一，前置。一是形容词前置。英语的前置定语多为单个形容词，这与汉语的顺序相同。二是名词性修饰成分前置。英汉两种语言都能用名词充当定语来修饰后面的名词。第二，后置。英语中的后置定语非常普遍，可以作后置定语的既有词也有短语和从句。汉语中的后置定语很少见，只限于少量带“的”字的短语。第三，多重定语的排列顺序。当有多个前置成分共同修饰名词时，要注意多重定语的排列顺序。一般而言，越是能体现被修饰词内在属性的修饰成分就越要靠近该词。英汉两种语言，都是如此。由于英汉两种语言中的定语在构成、位置和排序方面的差异，翻译时需要根据译入语的特点和要求做出相应的调整和处理。

英译汉：①单词作定语通常译为汉语的前置定语。②英语中由短语构成的后置定语，一般译成汉语的前置定语。③英语中由成对出现的形容词构成的后置定语，翻译时应按照汉语习惯灵活处理。

汉译英：①较短的形容词作定语，一般译成英语的前置定语。②简短形容词对应的英语单词为表语形容词时，英译时需后置。③由成串的形容词、短语或分句构成的前置定语，英译时应依具体情况而置于中心词的前面或后面。

四、英汉被动句式对比与翻译

（一）英汉被动句的差异

1. 动作与状态

英语的被动句可以表示动作，也可以用来表示状态，但是汉语的被动句表示动作，不表示状态。

【示例】The lake is surrounded by trees.（表示状态）

湖的周围全是树。

She was surrounded by reporters.（表示动作）

她被记者包围住了。

2. 感情色彩

汉语中的“被”“遭受”往往表示对主语而言不太期望或者预料之外的事情，而英语却没有这样的限制，表达中性的意义。因而英语基本上所有及物动词的主动句均可改为被动句，但是汉语却受到局限。

【示例】I hope he will be happy all his life，for he is loved by all of us.

我希望他一生快乐，因为我们都深爱着他。

Care should be taken to see that the letter is properly addressed.

注意看看信的地址是否写对了。

3. 施事主语

英语使用被动句的原因之一就是施事者不明，所以英语大多数被动句不必说出施事者。但是汉语的“被”后面一般是要带宾语的。因此，英语中这类被动句被译为汉语的主动句。

【示例】What is demanded then is a return to these truths.

现在需要的便是重归这些真理。

（二）英汉被动句的融合

汉语受英语的影响，出现了很多欧化表达，如“爱与被爱”。另外，“受到”“被”字后面也常常不加动作的实施者，或者采用直译被动句的方式，使得汉语中的被动句出现增加态势。

【示例】He doesn't feel he is accepted.

他感觉自己不被接纳。

Computer software is constantly updated.

电脑软件不断被更新。

随着现代汉语的不断发展，汉语中出现了“被 + 动词”或者“被 + 名词”的“被”字表达，如被捐款、被代表、被就业、被义务献血、被志愿、被生活、被辞职、被小康、被幸福、被拆迁人、被代表作、被加薪、被平均、被失踪等。

（三）主被动句式转化

英语中常用被动式，汉语中常用主动式。英汉互译时，句式的转换便成了一种常用的技巧，主要有下面几种主动和被动转化的类型。

①汉语作为形合的语言，无主句是其常见的一种句式。对于英语中没有施事者的被动句，汉语可以采用无主句或主语省略句来保持句子的主动形式。

【示例】What kinds of toolkits would be needed ?

可能会需要什么类型的工具包呢?

②汉语中的谓语部分可以由一个主谓结构来担当。这为翻译英语中的被动句提供了方便。

【示例】Every college student is required to study English.

英语课每个大学生都需要上。

③可以直接通过主语和宾语位置互换的方式将英语的被动句子转化为主动句。

【示例】He is taken good care of.

有人在悉心照顾他。

④当施事者不明时，英语很少用 somebody、everybody、the people 这类含糊的词语作主语，常常用 it 作形式主语。

【示例】It is believed that...

人们相信……

汉语习惯用通称或泛称作主语，如“人家”“有人”“人们”“大家”“人”“别人”“某人”等，因此用泛称主语句来翻译英语的非人称被动句是一种常见的处理方式。

【示例】The tall tree was seen blown down.

有人看见那棵大树被刮倒了。

⑤英语的被动式译成汉语时，若不便使用被动式时，则常常采用“处置式”，即“把字式”或“将字式”，来表达被动意义，即表示施事对受事的处置或支配行为。

【示例】Her land was fenced by Jack.

杰克把她的地围了护栏。

五、英汉否定句式对比与翻译

在否定概念的表达方面，英汉两种语言在表达形式上迥然不同。就表达方式而言，英语使用词汇手段和句法手段，而汉语主要使用词汇手段。总体而言，英语否定结构的形式要比汉语丰富得多、复杂得多。英语表达中有否定焦点转移的现象，也就是说，在形式上否定词是否定句子中的某一成分，实际上否定的却是另一成分。另外，英汉两种语言在叙述同一件事情或表述同一思想时，英语倾向于从肯定的角度来说，即“正说”，而汉语习惯从否定的角度来讲，即“反说”。

（一）英语否定句

英语主要使用两种手段来表达否定概念：第一，像汉语那样使用词汇手段。英语中表达否定概念的词汇比汉语丰富得多。这些词既可以是否定词或半否定词，如 not、none、never、no、nor、neither、hardly、seldom、nowhere、 nothing、nobody 等，也可以是一些形式上肯定而意义上否定的词汇，如 fail、miss、deny、absent、far from、short of 等。第二，采用句法手段，运用一些固定结构或固定句型，如 more...than、would rather...than、too...to... 等。

英语中否定概念的表达形式多样，大致分为四种：全部否定、部分否定、半否定和双重否定。翻译时要注意它们之间的区别，否则很容易把原文意思搞错，也就影响了译文的准确性。

①全部否定。英语中表示全部否定时经常用否定词 no、not、none、never、neither、nor、nothing 等，还有一些短语也表达全部否定的意义，如 not at all、not in the least、by no means、in no way 等，翻译时应考虑到两种语言在形式和意义上的对应关系。

②部分否定。英语单词 not 表示全部否定，但当与 all、both、every、everyone、everything、completely、absolutely 等搭配时，表示部分否定，译成汉语为“不全是、不都是、并非都、未必都”等。翻译时要特别注意全部否定和部分否定的区别，否则会歪曲原意、造成误解。另外，英语中 but、except 与 all、everything 等词连用时也可表示部分否定，通常译成“除了……以外，不包括……在内”，但与表示否定意义的词语连用时，则要译成汉语的肯定形式。

③半否定（不完全否定）。这种类型的否定句表示整个句子的意思接近否定。常用的词有 little、few、barely、hardly、rarely、scarcely、seldom 等，通常翻译成“很少……，几乎不…，几乎没有……，简直不……”。

④双重否定。双重否定指的是同一个句子中出现两个否定词，语气往往更加强烈。英语中的双重否定不仅能表示否定之否定，而且可以表示肯定，有时还能兼顾两者。因此，在英译汉时，要根据语境和表达效果的需要，用适当的汉语形式表达出来。

英语中的否定焦点时常发生转移，此类现象常见且复杂，其形式上紧跟在否定词后面的成分常常并不是要否定的焦点，焦点可能转移到句中的其他成分上。汉语中也有否定焦点转移的现象，但否定焦点一般紧跟在否定标记词“不、没有、并非”等的后面，相对而言是比较明确的。因此，英汉翻译时，首先要准确把握原文中的否定焦点，然后进行否定，即语义上否定哪一成分，就在该成分前面加上否定标记“不、没有、并非”等。

（二）汉语否定句

汉语的否定概念主要通过词汇手段来表达，否定句一般都带有否定标记。最常使用的否定词有不、无、否、非、没、莫、勿、未、弗、绝不、毫无、没有、并非、未尝等。

在英汉两种语言中，叙述同一事物或表达同一思想，可以使用肯定或否定的表达方式，既可以正说，也可以反说。原则上讲，英汉互译时，通常的做法是正说正译或反说反译。但是，由于英汉两种语言在表达习惯等方面迥然不同，如果一味按照原来的表述方式进行翻译，则在审美情趣、表达习惯等方面有悖于译入语，而从相反的角度翻译或许会达到更好的效果。由此，就产生了正说反译和反说正译。采用这种翻译方法的目的就是要适应译入语的表达习惯和审美情趣，使译文表达地道、通晓顺畅。

具体而言，正说是指句子中不含表达否定意义的词汇。反说在英语中是指句子中使用了 no、not、nobody、nowhere、none、never、nobody、nothing 等或带 dis-、im-、in-、un-、-less 等含有否定意义前后缀的词语；反说在汉语中是指句子中使用了诸如“无”“非”“不”“否”“未”“勿”等含有否定意义的词语。英汉互译中，在翻译否定句时，有时需要进行正反转换，即将正说处理成反说，或者将反说处理成正说。

英语中有许多从正面表达否定概念的词汇、短语和固定结构，但实际表达的是否定概念。将其翻译成汉语时，使用含有否定词语的汉语句子，从而使译文从反面着笔进行表达。英译汉之所以采用正说反译，是因为英语中用肯定形式表达的否定概念，只有用汉语中的否定形式表达才能符合汉语的表达习惯。并且，有时翻译成汉语的否定句可以起到强调的作用。另外，英语中形式肯定、意思否定的短语很常见，一般都要翻译成汉语的否定句，如 far from、free from、but for、anything but、rather than、instead of 等。

与之相反，有时英语习惯从反面说，汉语习惯从正面讲。遇到此类情况，要将英语的否定句译成汉语的肯定句，使汉语译文从正面着笔来进行表达，以符合汉语的表达习惯，这样既能确切表达原文的意思，又能措辞得当、自然通顺。

六、英汉从句对比与翻译

（一）名词性从句的翻译

英语名词性从句主要包括主语从句、宾语从句、表语从句和同位语从句，其中主语从句、宾语从句和表语从句可采用顺译法按照原文顺序直接进行翻译，而对于同位语从句的翻译，可以采用顺译法进行翻译，也可以将从句提前。

【示例】What he told me was half true.

他告诉我的是半真半假的东西而已。

He would remind people again that it was decided not only by himself, but by lots of others.

他再次提醒大家说，决定这件事的不止他一个人，还有其他许多人。

（二）定语从句的翻译

英汉定语差异集中体现在位置的不同上。除此之外，英汉定语从句的发展方向也有所不同，通常英语中定语从句的发展方向为向右，汉语中定语从句的发展方向为向左。因此，在翻译英语的定语从句时可采用以下方法进行处理。

①译为汉语中的“的”字结构。

【示例】He was an old man who hunted wild animals all his life in the mountains.

他是个一辈子在山里猎杀野兽的老人。

The early lessons I learned about overcoming obstacles also gave me the confidence to chart my own course.

我早年学到的克服重重障碍的经验教训也给了我规划自己人生旅程的信心。

②译为并列分句。

【示例】He was a unique manager because he had several waiters who had followed him around from restaurant to restaurant.

他是个与众不同的经理，有几个服务员一直跟着他从一家餐馆跳槽到另一家餐馆。

③译为状语从句。

【示例】He also said I was fun, bright and could do anything I put my mind to.

他说我很风趣，很聪明，只要用心什么事情都能做成。

There was something original, independent, and practical about the plan that pleased all of them.

这个方案富于创造性、独出心裁、实践性强，所以他们都很满意。

（三）状语从句的翻译

在翻译英语状语从句时，一般将其译成汉语分句即可。

【示例】He shouted as he ran.

他一边跑，一边喊。

The crops failed because the season was dry.

因为气候干燥，作物歉收。

七、英汉长句对比与翻译

（一）英汉长句分析

一般情况下，英语中的长句由基本结构扩充而成。这种句子除基本结构外，还包含短语、并列成分、并列分句、从句等语法现象，尤其是多级短语和多级从句十分常见。无论英语句子有多长，有多复杂，都是基本句型的扩展和变化。

思维方式影响语言的发展。不同民族处于不同的社会背景下，会形成不同的思维方式。在西方发展史上，自然是人类认识的对象，人与自然处于一种对立关系，这种对立关系推动了西方逻辑学和知识论的发展，逐渐形成外倾型、分析型的思维方式。这种思维方式造成英语句子冗长，句子中的各种成分可以附有不同形式的修饰成分，句子中从句套从句的现象十分常见。然而，不管长句多么复杂，它都贯穿了一条逻辑链，这条逻辑链离不开一个“主谓结构”。所以，在翻译英语长句的过程中，关键是找出句子主干，然后根据汉语的表达进行相应的调整。

在翻译英语长句时，可以利用汉语的紧缩结构或者外位语结构，将语法链转化为语义链，注重语义关系。译者在翻译时，不必因为英语句子过长而产生退缩，因为英语句子无论多复杂，都包含一个“主谓结构”，都是由一些基本成分扩充而成的。译者可以根据汉语的表达习惯，从以下几方面分析英语长句。

①确定句子的基本结构，把握句子的核心内容。

②找出句子中的修饰成分。

③注意插入语和其他固定词组或固定搭配。

通过以上分析，可以总结出在进行长句翻译的过程可采取的 6 个步骤。

①明确主干。通读全句，确定句子类型，找出句子的主要成分，即主谓结构，确定句子的其他成分，明确谓语的时态和语气。

②分析词义。在理解原句的基础上，分析句子含义。

③区分主从。确定句子中的修饰成分和被修饰成分，判断句子成分间的内在关系。

④理清层次。在了解句子含义的基础上，理清各层的逻辑关系，如时间顺序、因果关系等。

⑤调整搭配。根据汉语的表达习惯，调整句子搭配。

⑥确定原意。在掌握原文句子结构和句子含义的基础上，根据句子的逻辑关系，按照汉语的表达习惯进行句子搭配，确保传达原文含义。

（二）英汉长句翻译方法

英语非常讲究句子表达的准确性和严谨性，常常借助词汇、语法、逻辑等手段将句子中的各个成分连接起来，使得各个成分环环相扣，因此英语中长而复杂的句子十分常见，而这也正是英语翻译的难点。具体而言，在翻译英语长难句时，首先要了解原文的句法结构，明白句子的中心所在以及各个层次的含义；其次分析几层意思之间的相互逻辑关系；最后根据译文的表达方式和行文特点，正确地译出原文的含义。通常，英语长难句的翻译可采用以下几种翻译方法。

1. 顺译

顺译法是英语长句常见的翻译方法之一，它的方式与汉语的表述顺序一致。如果英语长句是按照逻辑关系排列的，就可以采用顺译法进行翻译，即根据英语原句的表达顺序直接翻译成汉语。但顺译法不代表将英语中的每个词都根据原文顺序进行翻译，也需要进行灵活变通。

2. 逆译

汉语和英语在句子表达顺序上存在一定差异，有时甚至完全相反，这时就可采用逆译法，从后往前翻译。例如，定语在汉语和英语中的位置不尽相同。在汉语中，定语一般位于修饰词前面；而在英语中，定语一般位于修饰词后面。因此在翻译时要采用逆译法，改变句子顺序。

3. 分译

分译法又叫作拆译法，是将英语长句中的一些成分从句子中分出另做处理。在英语长句中，可能会出现自成一段的情况，在翻译这样的句子时，就需要采用分译法，以适应逻辑顺序，突出重点，符合原句的表达含义。

4. 综合译

英语中绝大多数稍微复杂一些的长句，很难仅用一种翻译技巧译成地道的汉语。通常情况下，可以把各种方法综合起来，仔细分析其内部结构和各种成分间的逻辑关系，对全文进行综合处理，再用通顺忠实的汉语表达出来。

总之，在翻译英语长句时，不要因为句子太长而产生畏惧，要充分理解原文的意思、情感和风格等，采用化零为整的方法。根据原文的结构和含义，把它分为几个短句，再按照原文的思路和顺序，用符合汉语的表达习惯，忠实地转达原文的意思。

第三节　特殊语言的翻译技巧

一、成语翻译技巧

汉英双语版《现代汉语词典》对成语的定义为："成语是指人们长期以来习用的、简洁精辟的定型词组或短句。"这些组成相对固定的表达法中，有很多采取了直白的方式，即直接通过字面表达语义。但也有数量庞大的成语表达的却是言外之意，也就是它们所表达的常常并非是其表层结构的含义，而是另有寓意。汉语中是以四字词组构成的四字成语为主，其结构十分规整、紧凑；而英语则是结构较为自由、随意的各类短语，其中尤以动词短语居多。

（一）成语翻译策略

1. 直译法

所谓直译，即在不违背语言规范以及不引起错误联想的条件下，按字面意思翻译，在译文中尽量保留原成语的比喻、结构、形象和民族及地方色彩的方法。直译的优势在于能很好地保留原文的意义、语言特色和形象，从而最大限度地保持原文的风格，使译语读者享受到作品的原汁原味，与此同时又充分促进了源语和译语民族间的文化融合和创新。但是直译并非死译或逐字翻译。必须是在英汉成语字面意义及隐含的文化内涵相似或差异不大的情况下才可以进行直译。

【示例】以牙还牙 an eye for an eye

与时俱进 advance with times

castles in the air 空中楼阁

上面的多个英汉成语都属于字面意义，隐含的文化内涵基本相似或差异不大，在这种情况下可以直接采用直译法，保持原词的结构和风格，翻译出其字面意思即可。这样既可节省时间，又不会造成译文歧义或语义不明确。然而英汉成语中大多数词的文化内涵在英汉两种文化中都有着或大或小的差异，这个时候采用直译法可能不能达到很好的翻译效果，需要去用其他的方法进行翻译。

2. 意译法

意译法是处理文化差异的一种重要翻译方法。所谓意译，即翻译时侧重保留原词的意思而不注重保留它的表达形式的方法，简而言之就是取内容而舍形式。许多成语富含较浓的民族特色和文化意义，字面意思和喻义相差较远，采用直译的方法容易使读者无法接受，这时只好牺牲原词的某些文化特色，打破原词的结构，舍弃原词的形象，结合上下文进行意译，以准确转述原词的意义。如果依然采用直译法，就成了死译。

【示例】水深火热

死译：water is deep and fire is hot

意译：live in great misery

to rain cats and dogs

死译：雨下得像猫像狗

意译：倾盆大雨

3. 直译加意译法

直译加意译法，是指在翻译时采用直译法保留原文字面意思和风格的同时，又采用意译法进行适当的解释和补充，帮助读者更好地了解成语在源语中的文化内涵。由于中英很多成语都源自本民族的历史事件、神话传说和寓言故事，具有民族特性，这些词语往往在译语中没有与原词对应的表达方法。如果直译不能充分地诠释这些成语除字面意义外的特有含义，而意译又不能解释原词典故的来源，这时只能采取直译加意译的方法，在翻译字面意思的同时，进行补充，以更加清晰地传达原词含义。

【示例】请君入瓮

直译：to kindly step into the vat

意译：to try what you have devised against others

直译加意译：to kindly step into the vat to try what you have devised against others

to cross the Rubicon

直译：渡过卢比孔河

意译：背水一战

直译加意译：渡过卢比孔河——背水一战

（二）成语对应问题

1. 基本对应成语

基本对应即英语成语与其对应的汉语成语在字面意义和引申意义上都基本一致，有可能互译。但是基本对应并不是说两者完全一样或相等，绝大多数只是类似或相近。英语中某些成语和汉语成语有着异曲同工之妙，两者不仅字面意思相同或相似，引申意义也基本上相同。因此，对于这一部分成语可以采用借用的方法进行翻译。

所谓借用法，即用译语中的现成的成语来翻译源语的成语。借用法主要是在源语和目的语字面意义和引申意义相同或相似、内容和形式基本一致时进行使用。采用借用法进行翻译不仅节省了译者的精力，也使译文言简意赅，在译语读者中产生与源语读者同样的感受。

2. 部分对应成语

由于民族习俗、历史文化背景等方面的差异，而且汉英两种语言也分别属于两种不同的语言系统，因此英汉成语的差异还是比较多的，基本对应的成语相对较少，更多的则是部分对应的成语。所谓部分对应成语是指英汉成语中有的在意义和用法上有部分类似或相同点，但并不是完全相同的，它们的共同点有多有少。

3. 不对应成语

所谓不对应成语，即英汉语中的某些成语在结构、用词和修辞手段上有一定的共同之处，但是在用法和意义上几乎或完全没有近似之处。不对应成语虽然形式上很接近，但是本质上意义却又相差较大，翻译时译者很容易忽略这些“假朋友”，望文生义，导致译文模糊不清、词不达意，令人啼笑皆非。因此，为了做到正确无误的翻译，译者平时应该注意把握英汉双语中类似的成语“假朋友”，清楚它们的词汇来源以及特定的文化内涵，这样就能避免在成语互译时“过度借用”译语中的现成成语，从而在译语中再现源语成语的真正含义。

二、谚语翻译技巧

汉英双语版《现代汉语词典》对谚语的定义是：谚语是指在群众中流传的固定语句，用简单通俗的话反映出深刻的道理。谚语主要有两个特点：其一，从形式上看，其结构规整、用词讲究，大多是语义完整的句子；其二，从语义上看，它往往揭示较为深刻的道理，内容涉及各行各业。

汉语成语中包含为数不少的谚语，多为五至七字组成的单句和三至七言的对句。这类谚语结构相对较为紧凑、规整。例如，狡兔三窟、无风不起浪、一寸光阴一寸金、巧妇难为无米之炊，等等。

除此之外，还有其他谚语，是指那些结构相对自由、随意、松散，用词较为通俗、形象、易懂的谚语，大多由单句或对句构成，另外还间或可见由三个以上的句式构成的结构，姑且称之为"复句"。例如，人心隔肚皮、浪子回头金不换、鸭子死了嘴壳子硬，等等。

英语中的谚语与成语没有任何瓜葛。除此之外，它的特点与汉语谚语完全一样，通常都是句式结构完整、蕴含深刻寓意、能给人以深切启迪的语句。例如，"A stitch in time saves nine."（一针及时省九针 / 及时处理，事半功倍），"Beauty is only skin deep."（美貌只是一层皮 / 外表好看靠不住），"Brevity is the soul of wise."（简洁是智慧的灵魂），等等。不妨从汉语谚语出发，就其喻体和喻指来对照一下与之相对应的英语谚语，体味一下它们在语义表达上的异同，二者之间表达方式的差异清楚地揭示了其不同的文化内涵，在翻译时需要注意。

①喻体（含部分喻体）和喻指（即字面和寓意）相同或相似的谚语。

趁热打铁。Strike while the iron is hot.

眼不见，心不烦。Out of sight，out of mind.

②喻体不同、喻指相同或相似的谚语。

无风不起浪。There is no smoke without fire.

人不可貌相。You cannot judge a tree by its bark.

③喻体相同或相似、喻指不同的谚语。

静如止水。（喻指"心境平和"）Still waters run deep.（喻指"大智若愚"）

狗仗人势。（喻指"仗恃主人势力欺负他人"）Love me，love my dog.（喻指"爱屋及乌"）

④喻体和喻指都不相对应（修辞缺位）的谚语。

蚂蚁啃骨头。One way to succeed is to plod away at a big job bit by bit.

All asses wag their ears. 无知装聪明。

三、俗语翻译技巧

汉英双语版《现代汉语词典》对俗语的定义是："俗语是指通俗并广泛流行的定型的语句，简练而形象化，大多数是劳动人民创造出来的，反映人民的生活经验和愿望。”从概念上看，俗语与谚语的差别不大，因而有人干脆将二者混为一谈。但是，既然有谚语和俗语这两个概念，就意味着它们之间是存在着差异的，具体说来主要有以下三个方面的差异。

①寓意深浅不同。与谚语相比，俗语的寓意浅薄了许多。例如，“眉头一皱，计上心来”，只是描写人在特定时刻的表情与心理活动而已；“今朝有酒今朝醉”，只是反映部分人在特定条件下并非正确的人生态度；而“东北有三宝：人参、貂皮、乌拉草”，则只是介绍地方物产风情，等等。人们运用这类寓意不多的俗语，只是为了使自己的表述更加流畅、简练、生动、形象，显然并没有也不是想表达什么深刻寓意。

②语体不同。谚语虽也多为口语体，但其语气略显正式，用词较为文雅；俗语则是纯口语体，语气很不正式，用词更加通俗，有时甚至到了粗俗的地步。例如，“放了屁，难用手掩”，表达的寓意与谚语“纸里包不住火”相当，用语却粗俗很多。

③结构不同。与句式、语义完整的谚语相比，俗语的结构更为灵活、随意，可以是语义不全的词组、短语，也可以是语义完整的单句、对句。字数少时可少至三字，如“破天荒”，字数多时则多于谚语，可多至 20 多字，个别的甚至可达 40 字，如“房屋不在堂高，不漏便好；饮食不在精美，吃饱便好；娶妻不在颜色，贤德便好”。

总之，俗语具有语义表达的浅俗性、审美功能的消遣性和形象思维的生动性。在这几方面，谚语介于格言与俗语之间。

当寓意与特征介于两者之间临界点的时候，也很难准确地划分出两者，很多习语结构完整，也有一定的寓意，划分为谚语也是可以的，但是其所表达的哲理性并不强，主要是描写人们的生活际遇，或者某种特定的行为，具有很强的通俗性，所以将这些习语划分为俗语比较合适。此外，许多汉语俗语在英语中的对应语其实都应归入成语或谚语之列，有些则可归入俚语。

在这里，笔者从汉语俗语出发，就其喻体和喻指来对照一下与之相对应的英语俗语，有一些则是较为通俗的、口语体的成语、谚语或俚语，体味一下其间在语义表达以及文化内涵方面的异同。

①喻体和喻指相同或相似的俗语。

空中掉馅饼 pie in the sky

连锁反应 chain reaction

武装到牙齿 be armed to the teeth

②喻体不同、喻指相同或相似的俗语。

耳边风 water off a duck's back

小菜一碟 a piece of cake

费九牛二虎之力 pull out all the stops

③喻体相同或相似、喻指不同的俗语。

食言（喻指“毁约、失信”） eat one's words（喻指“承认说错话”）

狗熊掰棒子（喻指“愚笨”）like a bear with a sore head（喻指“脾气暴躁”）

④喻体和喻指都不相对应（修辞缺位）的俗语。

have eggs on the spit（丢脸、丢丑）

have dust in the eyes（昏昏欲睡）

第六章　语言文化中翻译存在的其他问题研究

随着科技的快速发展和经济全球化的到来，不同文化之间的交流也越来越频繁。从表面上来看，两种不同语言文字之间的转换即为翻译，可以说，翻译是文化信息传播的一种有力工具，语言文化和翻译之间的联系也非常密切。所以，要想对英汉语言之间存在的文化差异进行更加深入的了解，对英汉文化翻译的研究就显得尤为重要。本章分为英汉修辞格的翻译、翻译中的文化误读问题、中国特色文化的翻译、文化差异下的影视翻译研究、语言文化对商务翻译的影响五部分。主要内容包括：语音层次修辞格的翻译、语义层次修辞格的翻译、结构层次修辞格的翻译、英汉翻译中文化误读产生的原因、英汉翻译中文化误读的表现、英汉文化翻译的策略、典型的伦理型特征、强大的生命力和凝聚力、文化差异对影视翻译的影响、影视片名翻译的方法、口语化特点、影视剧对白翻译的基本原则、影视字幕翻译、商务翻译的概念、商务翻译的基本能力要求、文化差异对商务翻译的影响、商务翻译的策略、文化因素对商务翻译影响的改善等。

第一节　英汉修辞格的翻译

一、语音层次修辞格的翻译

语音层次的修辞手段利用各种音响特征巧妙、和谐、有规律的配合，使声音高低有序、节奏分明、长短适度、优美悦耳，以达到语言鲜明、生动、形象的效果。汉语语音层次的修辞格主要有拟声、双声、叠韵等。

（一）拟声（摹声）

拟声（摹声）是模拟人、事物或动作的声音。拟声可以加强语言的声势和动态描绘效果，是一种极具表现力的修辞手段。

汉、英语中拟声词都很丰富，它们有很多共同点，例如，某些拟声词的发音非常接近。比如：

笑声：咯咯——giggle/gurgle

铃声：叮咚——dingdong

但因为各自音系结构、词汇形态以及感知习惯的不同，汉语和英语的拟声词也存在很多差异。

这种差异首先表现在对同一种声音的不同模拟上。例如，动物的叫声。

狗汪汪——The dog barks.

羊咩咩——The sheep bleats.

汉语和英语拟声词的应用范围也不尽相同。例如，英语中的 murmur 可以描述人的咕哝声、叽叽喳喳声，流水的淙淙声等，汉语的“啪”可以表示枪声，也可以表示断裂声，还可以表示拍掌声等。汉语中的“哇”象征的呕吐声、哭声在英语中根本找不到对应的拟声词。

汉语和英语的拟声词各有自己的习惯用法（句法功能）。汉语的拟声词多半带有形容词性质，在句中常作状语、定语和补语，也可作谓语。英语中的拟声词多半属于名词或动词，在句中可作主语、谓语或宾语，直接用作状语的不多。

由于汉、英拟声词之间存在上述差异，在汉译英时要充分考虑汉语和英语拟声词在语音和用法上的差别，按照英语的习惯进行适当的转换。

1. 语音形式的转换

①翻译汉语拟声词要熟悉英语中对该声音的模拟习惯。如果英语中有对应的拟声词，可以直接翻译过去。

②如果英语中没有对应的拟声词，可以转换为其他合适的拟声词。

③如果汉语中的某些拟声词在英语中没有现成的对应词，也可以创造新词。

④在有些情况下，汉语的拟声词在英译时可以不用拟声词。

⑤有时汉语原文中不用拟声词，英译时可以用拟声词。

2. 用法（句法功能）的转换

由于汉英拟声词在句法功能方面存在种种差异，汉英翻译时需注意其句法功能是否需要转换。在一些情况下，汉语拟声词的词类属性及其在句子中的成分可以在译文中保留。但在另一些情况下，汉语拟声词的词类属性及其在句子中的成分需要在译文中加以转换。

（二）双声、叠韵

双声和叠韵在汉语中是非常重要的修辞格。所谓双声、叠韵是指两个词的声音关系所形成的音响效果，必须是两个同声或同韵的字紧靠在一起。双声词指的是两个字的声母相同；叠韵词指的是两个字的韵母相同。

双声和叠韵能创造和谐悦耳的音乐感，是汉语音乐美的一个重要方面。英语语言的音乐美也是通过一些音韵修辞格来体现的，如 alliteration（头韵）、assonance（元音叠韵）等。alliteration 是指相邻词的起首字母发音相同；assonance 是指形同或相似的元音在句中重复出现。如此看来，英语中的 alliteration 有些类似汉语的双声，而 assonance 则有点类似汉语的叠韵。

由于 alliteration 和 assonance 在英语中应用广泛，这就使得汉语双声叠韵的声音效果在英译时可以运用 alliteration 或者 assonance 的修辞方法，从而得到整体的传达。

有时，原文双声或叠韵所在的位置无法用合适的 alliteration 或者 assonance 转换，可以在适当的情况下在文章的其他地方运用这两种英语修辞格，也就是用弥补的方法进行转换。

二、语义层次修辞格的翻译

经常用到的修辞格的翻译如下所示。

（一）比喻

比喻是用一个物体或观念代称另外一个物体或观念的修辞方法，包括明喻、暗喻、借喻等，使用最广泛的是明喻和暗喻。

明喻：一般本体和喻体同时出现，并用喻词连接。汉英两种语言都广泛使用明喻的修辞方法。汉语中常用的连接词有“像、如、好像、仿佛、恰似”等，而英语中常用 as、like 等来连接本体和喻体。

暗喻：有时只出现喻体，不出现本体。有时本体、喻体同时出现，但不用“像”之类的喻词连接，而是把一事物直接说成“是”或“成为”另一事物。在汉语中常用“是、变成、成为、成了、当作”等作为连接词，在英语中常用

be、become、turn into 等连接。

比喻是一种重要的修辞手段。汉语和英语中都有丰富的比喻，它们在结构和作用上有一些相似之处，但由于汉民族和英语民族存在不同的历史和风俗习惯，汉英比喻用法也有很多差异。

1. 直译法

在符合英语习惯的情况下，译者可以尽可能地采取直译，保留原文的形象，使译文在内容和修辞上与原文保持一致。

2. 转换法

转换法包括形象的转换和修辞格之间的转换。由于同一形象在汉英文化里可能会引起不同的联想，具有不同的内涵，有时汉语中的比喻形象不宜在英语中直接采用。翻译时要改换原比喻词所用的形象，用译语形象来替换。有时，汉语中暗喻的修辞在英语中可以转换为明喻，明喻也可以转换为暗喻。

3. 意译法

当原文比喻形象在译文中难以再现或不合乎译文语言习惯，难以移入译文，或原文比喻形象在上下文里不太重要时，最好保留原比喻的含义，舍弃形象，即可采用意译法。

（二）双关

双关语的翻译是翻译中的一个难点。双关是利用语言本身的特点而产生的独特的修辞格，因为汉英两种语言文化差异极大，许多双关语很难在英语中找到合适的表达方式。因而许多人认为双关语不可译，但是我们只要仔细地分析原文，并在翻译时认真地做些加工，双关语的翻译问题还是可以解决的。

双关语是用一个词语去关涉两种意义，即“一”语双关。双关可分为两种，即谐音双关和语义双关。谐音双关利用同音、近音、音似的条件构成。比如：

民国万税，天下太贫。

这是新中国成立前有人讽刺国民党反动派统治的一副对联。其中，“税”与“岁”谐音，“贫”与“平”谐音。

语义双关利用词的多义现象构成。比如：

四面又明明是寒冬，正给我非常的寒气和冷气。

句中“寒气”和“冷气”指的是天气，同时也指保守的社会。

汉语中还有一种析字双关，这是由汉语的文字形态决定的。英语中也有一个对应的修辞格叫 pun，虽然与汉语的“双关”修辞作用相似，但也有很多区别。

由于两种语言的语音不同，两种语言的多义词也很难找到对应词，所以双关语译成英语时很难把双关的效果译出来。一般来说，在可能的范围之内，如果能够把原文的双关语译为英语双关的修辞方式，就要尽量用双关语译双关语。

当原来的双关语在译文中无法用双关语译出时，可以用某些带有文字游戏性质的修辞手段如重复、头韵、脚韵、所指含糊、反语等，以求再造原文双关语效果。

有时双关语的含义实在难以用类似的修辞方法来进行传递，只能用非双关语来传达原文的一层或两层意思。为了传达原文双关的含义，也可以加上注释来解释原文的双关语。

三、结构层次修辞格的翻译

（一）对偶

汉语中，凡是“用字数相等、句法结构相似的两句，成双成对排列成功的”辞格都叫作对偶。形成对偶的前后两个语言单位可以表达相反、相对或者相关、相近的意思。例如：

古为今用，洋为中用。

举头望明月，低头思故乡。

山重水复疑无路，柳暗花明又一村。

从以上各例可以看出，汉语对偶的上下句字数相等，且往往平仄相对，具有很强的节奏美、结构美和韵律美。所以翻译的原则是译文要尽可能再现原文的美感，包括形美、音美和意美。

（二）排比

排比是汉语中一种常用的修辞方式，用一连串结构类似的句子成分或句子来表示强调和层层深入。

但是，有时排比项所包含的重复并不需要在译文中进行全部完整的传达，译文可以避免重复或对重复进行合并。原因在于汉语喜欢重复用词，而英语有避免重复的倾向，过多的重复会造成英语语言结构上的臃肿。

第二节 翻译中的文化误读问题

一、英汉翻译中文化误读产生的原因

（一）文化空缺

不管是哪种文化，都紧密联系着特定的地域、习俗、历史和价值观，所以，任何一种文化的产生都不是随意的，都必然有一定的渊源。

随着时代的不断发展和历史的变迁，各个民族的文化都形成了较为鲜明的特色，所以在翻译英汉语言时，难免会有源语和目标语不对等的情况出现，也就是说，没有相对应的目标语来翻译源语的文化，这也就是“文化空缺”的现象。如果译者在翻译的过程中没有“文化空缺”的意识，仅仅根据原文来翻译，就很容易会出现文化的“误读”。

（二）文化内涵差异

语言和文化之间往往都存在着较为密切的联系，可以说，文化的一种反映就是语言，并且语言当中也包含着一定的文化信息。不同的民族，它们的文化也存在着或多或少的差异。所以，即使是字面意义相同的语言，往往也能够翻译出不同的文化联想意义。如果译者不是非常了解英汉语言的文化内涵，则必然会在翻译的过程中出现文化误读的现象。

二、英汉翻译中文化误读的表现

（一）文化形象方面的误读

不管是英语文化还是汉语文化，往往都有其独特的文化意象，所以，如果译者对源语文化的文化意象无法进行较为深入的理解，则必然会在翻译的过程中出现文化误读的现象。

【示例】He looked at Mark and shouted with disdain, “You are a chicken!”

他看着马克，非常不屑地喊道：“你就是一只小鸡！”

在英语文化中，chicken 所代表的文化意象就是“胆小鬼”，但中国文化当中看到chicken的第一反应就是“小鸡”，而提到胆小首先想到的就是“老鼠”。这是因为在中国文化当中，只有“胆小如鼠”的概念，并不存在“胆小如鸡”

的概念。由此可见，在翻译的过程中，如果对这种文化意象并不是非常了解，则必然会导致译者的文化误读。

（二）伦理道德方面的误读

由于中西方存在着地域文化和伦理道德等方面的差异，如果译者在理解源语文化的伦理道德时，仅仅一味地使用目标语的伦理道德文化，则必然会在翻译的过程中出现文化误读的现象。

（三）文体风格方面的误读

由于源语的表达方式和目标语的表达方式之间存在着一定的差异，所以，在文体风格方面的误读一直以来都是英汉文化翻译过程中一个非常值得研究的问题。并且，在英汉诗歌文化的翻译中，这一方面的误读最为突出。

汉语的语言往往比较侧重句子之间的意合，对于语言结构以及句子之间的逻辑关系问题并没有较为严格的规定或者侧重，并且在汉语的古诗词当中，这一特点更是得到了非常充分的体现。

但是，英语却是一门结构严谨且逻辑性非常强的语言，所以在翻译汉语诗歌的过程中，必须要做到逐字逐句的翻译。只有这样才能将古诗中的内涵更加清楚和准确地表达出来。但需要注意的是，这样的翻译也仅仅只是将古诗中的含义表达了出来，文体风格发生了改变，从而无法将古诗所要表达的意境很好地呈现给读者，严重丢失了古诗词所特有的语言美和意境美，导致误读、误译等现象的出现。

（四）学术术语方面的误读

英汉语言中各个领域都有其学术术语，范围涉及政治、经济、文学、艺术等研究领域，学术术语的翻译不仅对学术研究的顺利进行有一定的影响，还会对政治、经济、文学、艺术等领域的发展起着重要的作用。长期以来，英汉语言中很多的学术术语在翻译的过程中由于文化误读导致不少译名缺乏准确性，甚至是误译或者滥译，学术术语的误读和误译给社会现实中的政治文化生活带来了很多消极影响。

三、英汉文化翻译的策略

（一）归化和异化概述

美国翻译理论家尤金·奈达所提出的“动态对等”或“功能对等”原则就是较为典型的“归化”思想的一种体现。他认为，应该尽可能地使用符合译入语表达规范的言语形式来进行翻译，力求找到最贴近原文的对等表达。同时，翻译出的文本还应做到行文自然，尽量避免翻译腔。

此外，尤金·奈达对于读者的因素也比较看重，比如在翻译的过程中遇到了一些译入语中没有的说法，那么翻译者就应该尝试着去寻找译入语当中能够与原文对等或相应的表达方式来进行翻译，从而使译文读者能够产生与原文读者相同的反应。比如在公共场所比较常见的公示语 Wet Paint，如果直接翻译过来的话就是“湿油漆”的意思，虽然这样翻译人们也能够理解，但是一般情况下，在汉语中并没有这样的说法，所以，根据尤金·奈达的对等说法，就应该翻译成“油漆未干”。

一般来说，归化的翻译所用到的词语大多都具有译入语的文化色彩，所以其往往具有以下优势：第一，在表达上更加符合译入语的言语规范；第二，译文读起来更加地道、更加自然；第三，更容易被读者接受和喜爱。但归化的翻译也有一定的缺陷，那就是译者很容易就会张冠李戴、过度规划。

举个例子来说，英国翻译家翟尔斯将李白的《金陵酒肆留别》中的“吴姬压酒劝客尝”翻译成了“While Phyllis with bumpers would fain cheer us up”。李白诗中的“吴姬”指的是江南一带金陵酒店的女侍者，而翟尔斯翻译过来的菲丽丝所指的是古希腊和欧洲文艺复兴时期的田园诗或牧歌中常见的牧女或恋人的名字。很显然，这种替代是中国读者无法接受的，哪怕是西方读者读起来也必然会觉得诧异，菲丽丝这样的人物怎么会出现在了中国古典文化当中，所以难免会觉得有些突兀。除此以外，滥用译入语的习语、俗语或套话也是归化过度的表现，从而使翻译出的文本变得不伦不类。

相比之下，异化的翻译就更能使原作者的独特表达方式和源语文化保留下来，让读者有一种身临其境的感觉，从而更好地去领会原作的风貌。总的来说，异化的翻译对源语文本和文化方面的差异性更加注重。

在进行文本移植的过程中，原本就需要使用不同的方法，所以，译者在翻译的过程中，可以视情况来决定是使用“归化”的原则和方法还是使用“异化”的原则和方法。同时，也可视情况来选择保留源语文化的类型和方法，以及为了适应译入语文化，应对源语文化做出哪些调整，等等。对于译者来说，在翻译的过程中，最为关键的就是自身要具有深刻的文化意识，充分了解两种文化之间的异同。

异化和归化问题之所以成为译界的一大焦点，是与全球化的趋势密不可分的。在各国文化之间的交流和融合日益加速的今天，是应该放弃多语种追求单一化，还是应该保护独立的个体，让多种多样的文化和各种土生土长的语言并存，成为包括翻译工作者在内的许多人所关注的话题。保护文化的多样性和差异性已成为当今社会的主流和人们的共识。而作为文化交流的载体，翻译更应当起到使人们互相沟通而又不丧失其文化身份的作用。

近年来，“归化”“异化”逐渐成为翻译研究领域的热门名词，并且，它所蕴含的思想在西方译论传统中却是一脉相承的。比如，歌德将翻译分为以下三类。

①用自己的说话方式来了解外国。

②试图让自己置身于异国境地，但实际上却仅仅只是盗用外国的思想观念当作自己的思想。

③译文与原文完全一致。

归化翻译和异化翻译是翻译中处理文化差异的两种策略，它们是相辅相成、不可分割的关系。翻译者在采用这两种策略时，应用辩证的眼光去看待，根据具体语境来灵活运用。从理论上来看，归化的翻译就是把语言视作交际的工具，它主要是通过缩小文化因素中存在的差异、对原文进行改变和调整等方式，来追求译文的通顺、自然，使读者在阅读翻译完成的作品时有一种读母语的感觉。异化的翻译，主要就是为了使源语的语言和文化特点能够最大限度地保留下来，并通过移植的方式来实现文化交流的目的。此外，异化的译文还能使读者对外国的风情、先进文化以及语言特点有一定的了解，从而不断弥补本民族文化的不足，丰富民族语言的表达。

受自然条件、社会环境、历史状况等因素的影响，使得各民族在不同时期的文化呈现出了不同的形态，同时也在不同程度上表现出了一定的差异，甚至同一民族的不同地区也或多或少地出现了亚文化。由此可见，文化之间的差异是必然会存在的。但这也并不意味着这种差异之间不存在相似性和完全重合的情况。因此，不同民族文化往往是“异”中存“同”，彼此之间既有共性，以便于各文化之间能够更好地沟通；又有各自的个性，在证实了自身文化所特有的异质成分的同时，还充分体现了文化的多样性和多元性。

文化和语言是相互补充、相互配合的，它们是不可分割的一个整体。可以说，语言是文化的一种反映，承载了丰富文化内涵的同时，也受到文化的制约。翻译属于一种跨文化的活动，任何翻译都是一种文化的传达，它主要是通过移植的方式，将一种文化环境里产生的作品传达到另外一种文化环境当中。由于不同的民族都被自己的文化所塑造，都有属于自己的生活环境和独特的文化体系，所以不可避免地会使读者在理解各民族文化差异时遇到一定的困难，更有甚者还可能会引起误解。

如果将语言比作一块织物，那么组成这块织物的一部分经纬线就是文化，也就是说，文化已经巧妙地融入了语言当中。语言各不相同，文化各有特点。不同语言之间的差异，实际上是不同文化之间共性与个性的外显形式。任何一个国家和个人都不可能独立生存和发展，于是各民族之间就有了交流的需求，在这个基础上，也就衍生出了翻译活动。如果将翻译视为两种语言之间的简单转换和语言专业知识及技巧简单的相加那就大错特错了，翻译其实是一个语言活动，翻译的过程中必然会涉及两种不同的文化，而翻译的结果就是运用一种语言把另一种用语言所表达的思想内容完整地重新表达出来。

在当今这种社会政治背景之下，人们开始提倡文化多元化、追求文化平等，不管是交际还是文化都强调以人为本，所以在处理翻译过程中的文化因素时，应将人文关怀高度重视起来。

作为一名优秀的翻译者，除了要对两种语言之间的异同有一个较为充分的了解之外，还要对不同民族背后的文化异同有一定的了解，只有这样才能在翻译活动以及文化因素的转换中选择更为恰当有效的转换手法，有助于文化之间的沟通和整合。

归化多用于一些强势文化当中，它主要是采用民族中心主义态度，使外语文本更加符合译语的文化价值观，从而可以更好地将原作者的思想带入到译语文化当中。异化则主要是对外语文本语言和文化差异的一种接受，并试图将读者带入到外国语境当中，所以往往会受到文化价值观偏离主义的压力。相比之下，在当代中国的翻译中，最常用到的还是异化手段。

（二）归异互补策略

1. 归异互补的概念

归化和异化是翻译的两大主要翻译策略，两者之间即是对立的，同时也是统一的。它们各自有各自的适用范围，但在很多语境中，如果想要很好地传达出原文的真实内容，单独使用归化或异化是完全不够的，这个时候就必须采取归异互补策略。可以说，采用归异互补策略进行翻译，对繁荣和传播中国文化是非常有利的。

2. 归异互补策略的方法

在对归异互补策略进行具体分析之前，必须要先了解一下归化法和异化法这两个方面的极端。

（1）过分地归化

完全不考虑源语文化的民族特征和语言形式，一味地追求译文的通顺和优美，甚至在翻译的过程中还使用一些译语文化所特有的表达手段，这就是过分地归化，极易产生“文化误读”。

（2）过分地异化

完全不考虑译语的语言习惯和读者的需求，仅仅只是在形式上追求与原文的对应，则必然会使翻译出来的译文变得晦涩难懂，从而对翻译出来的译文的可读性产生很大的影响。

3. 归异互补法

综上所述我们不难发现，只有在归化和异化之间寻找到一个较为合理的折中点，才能算得上是一个好的翻译。这就需要译者在翻译之前对原文进行仔细且深入的研究，清楚原文当中包含的意蕴，在对翻译目的、作者意图、文本类型和读者对象等因素分析的基础上审慎地做出选择，准确把握好“化”的分寸。

第三节　中国特色文化的翻译

一、典型的伦理型特征

（一）强调知行统一

伦理道德学说是中国古代哲学体系的核心，其宇宙本体是伦理道德的形而上的实体，其哲学理性是道德化的实践理性。从认识论上看，中国传统哲学强调知行统一，认识与道德统一。认识的目的是在于觉悟，在于行德。所谓觉悟，就是打开心灵的混沌，焕发德行的潜力。以德行觉悟为认识的主要目标，既是中国文化伦理型性格的表现，又助长了它的伦理化走向。

因此，中国文化认识的外在客观事物，即使是自然界，也把它与人伦道德放在一起，而不把它当作独立的认识对象。如果说西方文化是“智性文化”，那么中国文化可以称作“德行文化”。在这种“求善”的德行文化模式制约下，中国的“治道”要点不在“法”治，而在“人”治，而“人”治又特别注重道德教化的作用。人治先于法治，身教重于言教，这是中国文化的传统。

（二）强调教化作用

中国文化十分强调惩恶扬善和教化作用。如中国古代文学历来就强调“文以载道”，十分重视文学的教化作用，提倡美与善相结合。在绘画艺术中，画家着力表现花草树木、飞禽走兽、山川日月、天地万物，不是为了表现它们自身的美，而是因为从它们的生命节律和形式可以联想到人类社会的运行节律和形式，体悟到伦理道德和思想感情。写物是为了写人，以颂扬人伦道德和节操。

在中国的文学与艺术中，自然都成了有性格、有感情的，“一切景语皆情语”，情景交融的作品方为上乘之作。中国的文学与艺术浸透了人伦道德的观念，成为劝善的工具、教化的载体。就是史学，也不以存史为主要目的，而以“寓褒贬，别善恶”为宗旨。写历史是服从和服务于伦理的需要。中国古代教育也是把伦理道德教育放在第一位，把学习文化知识放在第二位的。

总之，中国古代文化，无论文学、艺术，还是史学、教育，都以“惩恶扬善”的教化为目的，渗透了伦理道德观念。

（三）强调“忠、孝”

中国古代文化特别重视宣传“忠”“孝”观念。宗法专制的中国古代社会把天下（国家）视为一个大家庭，封建国家的政体就是按照父权家长制的模式建立起来的，君主是全国的“严父”。所以，中国封建统治阶级提倡“以孝治天下”。由于中国文化的强烈的人文精神，才有了中华民族巨大的凝聚力，才有了数千年辉煌昌盛的文明。但是以孝亲、忠君为核心的封建伦理意识，也是残害人民的精神枷锁，严重地阻碍了历史车轮的前进。

二、强大的生命力和凝聚力

（一）表现出无与伦比的生命延续力

就世界范围而论，中国古代文化虽然是世界上最古老的文化之一，却不是最早的。但在世界上所有古老的文明与文化中，唯有中国传统文化表现出最顽强的生命延续力。这种无与伦比的生命延续力，使得中国传统文化成为世界上唯一绵延不绝发展至今的一种文化类型。

（二）表现出非凡的包容会通精神

中国传统文化在自己的发展历程中，从不抱残守缺、故步自封，而总是能以非凡的包容和会通精神来丰富和完善自己。中国传统文化的这一精神首先表现在对诸家学说采取兼容并蓄的学术主张。中国古代思想家虽各有所尊，但又提倡“万物并育而不相害，道并行而不相悖”，并把这当作文化发展的理想境界。所以，春秋战国时虽百家争鸣、互相驳难，但也互相吸收。

正是这种包容会通的精神，使得中国文化具有了非凡的融合力。在中国文化发展过程中，这种融合力使得中国文化在汉民族文化的基础上善于有机地吸收中国境内各民族及不同地域的文化。

第四节　文化差异下的影视翻译研究

一、文化差异对影视翻译的影响

由于全球化发展，大众文化的发展趋势也愈加明朗，并且在全球化的影响下大众文化得到了广泛传播，也正是如此，跨文化交流日益增强，翻译活动成为各国直接沟通的桥梁。影视作品成为各国之间交流的一种新兴媒介，在跨文化交流中起到了非常重要的作用。

现如今，影视作品的翻译是翻译界中最为活跃的一种翻译，并且也是跨文化交流中最重要的翻译活动之一。影视翻译是一种新型翻译，发展时间不长，但是影视翻译由于在语言的性格化、口语化与文化因素等方面的制约，能够体现出影视翻译与其他翻译的不同特点。

电影在影视作品中是最受欢迎、影响最大的一种作品形式，电影翻译是跨文化交流中所占比例最大的。在影视翻译中有很多种翻译形式，但是字幕翻译是影视翻译中的主要形式，由于字幕翻译既能保留了源语言的特色，还具有翻译周期短、制作效率高等特点，因此也受到了许多影视观众的喜爱，这也是影视翻译在翻译市场中地位不断提升的原因。

近几年我们能够发现影视业的发展蒸蒸日上，但是影视翻译与影视业的发展相比却落后了很多，影视翻译在翻译界并没有受到更多关注。影视翻译在西方国家起步较早，并且发展至今相对成熟。而我国发展影视翻译工作起步较晚，发展时间相对较短，并没有形成自己的理论体系，所以没有对我国影视翻译工作做出实质性的指导。

随着全球化步伐的不断加快，国家之间的交流愈发频繁，跨文化交流也愈发重要。而影视作品是能够了解异国文化的重要途径之一，并且随着全球化的影响，影视业也得到了一个很好的发展空间。电影字幕翻译就是在这样的背景下产生的，并且影视翻译也得到了翻译界的重视。

字幕翻译是根据影视翻译由来的，字母翻译作为翻译界的一个新兴领域，是电影观众能够在短时间内接受并且快速认可这种翻译形式，这主要是因为电影观众能够在短时间内获得大量信息，同时还能了解到异国文化。

电影字幕翻译的兴起离不开国际文化的频繁交流，电影字幕翻译的出现也是跨文化研究的必然结果。语言如果脱离开文化是不能够孤立存在的，影视翻译也是如此，影视翻译是文学翻译的重要组成部分。许多人认为影视翻译只不过是文字语言的转化，其实并非如此，影视翻译是跨文化交流的重要过程，在翻译影视作品时，需要把源语言用恰当的翻译语言传递给目标观众。因此，在影视翻译过程中，要处理好源语言国家文化。

影视作品翻译并不是语言之间的简单转换，影视翻译在很大程度上都会受到译语文化的制约，所以，要想作为一名优秀的影视作品翻译者，就要认真研究电影字幕的翻译，并且在翻译的过程中要处理好源语文化与目的语文化之间存在的关系。影视作品翻译者是跨文化交流的重要媒介，承担着重要的任务，一名优秀的影视作品翻译者在翻译影视作品时要做到减少文化差异、传达有效的文化。

每一部影视作品都是一个国家历史文化和社会文化的反应，在翻译影视作品时必须考虑到观众的感受，要以观众为中心，要考虑到大部分人的接受程度、理解能力、文化水平等，这就意味着在翻译影视作品时不能像翻译文学作品一样。文学作品翻译强调要忠实于原文作者，很少会考虑读者的反应，这也在一定程度上体现了影视作品翻译的灵活性。

影视作品翻译与文学作品翻译相比，具有以下两个特点。

（1）对不同层次接受者的影响

对于那些经常阅读文学作品的人来说，他们的具有较高的文化水平，并且感情比较丰富，这主要是因为文学作品中会存在一些西式的句子，这些爱好阅读文学作品的人他们并不会觉得理解困难，而影视作品和文学作品在这一点就有很大的不同。

改革开放以后，我国引进了大量的英文影片，并且影视作品的种类也更加丰富了，比如喜剧片、警匪片、科幻片等。因此，影视作品也有了不同文化层次的观众，对于影视作品的翻译而言，影视作品的观众并不像文学作品的读者那样有较高的阅读能力，但是影视作品观众的文化层次更加广泛，这也就意味着影视作品的译文要更通俗易懂。

如果影视作品的翻译是大部分观众不能接受的，那么不管这部作品有多好也是没用的，因为观众不“买账”就会影响到票房或是收视率，当然这也会影响到我们了解其他国家的生活方式、审美情趣、价值观念等。

由于国家、民族、地区的不同，词语的组成也不太一致，在翻译过程中有时用直译法并不能够表达清楚源语的意思，如果在翻译文学作品时出现这种情况，可以用注释的方法解决这个问题；而在翻译影视作品时出现这种问题，就要用比较贴近源语言的汉语去代替。当然，这就需要翻译工作者多下一番功夫。译文要符合中国观众的文化习惯，才能够取得好的翻译效果。

（2）对口型及字数的制约

影视作品的翻译会受到屏幕画面的限制，因为翻译影视作品主要是为配音提供蓝本，并且翻译时要保证在生动感人的前提下，与剧中人物口型相一致，并且译文和源语言字数长短相一致，并且停顿、节奏要与剧中人物的语气相一致。但是语言之间的表达会存在差异，因此发音在口型上的差距就会成为很大的难点。

在翻译影视作品时，往往会碰到演员的语速过快，原本完整的句子就要变得精短，这样才能配合演员的口型。而有的演员在某些片段会有夸张的表演，这时就要对很短的句子翻译得长一些，为了和口型配合就要适当地添加一些词。在翻译影视作品时，如果台词过长或过短都会给翻译带来一定的困难，如果翻译出现错误就会破坏人物性格的塑造或情感的表达。在翻译影视作品时，演员停顿的地方，译文中也要有停顿。否则，观众就不能体会到原片人物的特点。

另外，在翻译影视作品时，遇到演员在发某些音时嘴巴张得非常大，在翻译时也要选择采用开口音，反之演员的台词是闭口音，也要在翻译时采用闭口音。

所以，在区分文化作品翻译和影视作品翻译时有一个最为突出的标志——“口型化”。在翻译文学作品时，译文多字或是少字读者都不会特别在意，因为翻译质量并不会因此受到影响。但是影视作品的翻译，对口型和字数都有着严格的要求，不可以像文学作品翻译那样自由发挥。因此，这是影视作品翻译必须要遵循的原则。

二、影视语言的口语化特点

电影属于一门综合艺术，在电影中最为重要的就是语言，因为在电影中绝大部分是对白，所以，在翻译影视作品时必须要遵循口语化的特点。影视语言源于生活，因此，影视语言更加自然生动，非常像日常生活中的对话，而且还会用到许多俗语、俚语以及语气词。电影语言不仅要在文字上做到通顺，更要贴近生活，并且能够让观众听懂。

这主要是由于人们在接受译文的途径是不同的，有的人是通过“看”电影，有的人是通过“读”小说，因此就会产生不同的要求。同样一句译文，用眼睛去看和用耳朵去听时，产生的效果是不一样的，所以在影视翻译中口语化是非常重要的。

按照文体学的说法，语体一般分为口头语体和书面语体两大类，口头语体包括演讲体、讨论体和谈话体等，如日常谈话、会谈、公共演讲、报告、辩论、讲课、讲故事等，而书面语体包括书信、报刊文体、法律文件、公文等。我们讨论的影视剧语言是否都是口头语体，这个问题比较复杂，影视剧语言既有口头语体，也有书面语体。书面语体的产生是由于有的时候，影视剧中会展示一封书信、一则报刊报道，或者有一段以书面语体为底稿的介绍电影背景的画外音解说，或者是一大段带稿演讲。不过，一般来说，影视剧台词语言以人物对白为主。对白，又称对话，是指影视剧中人物之间进行交流的语言，是影视中使用最多、也最为重要的语言内容。对白自然就是以口头语体为主，同时又以谈话体为主。

影视剧属于大众传播，所以语言必须满足大众的要求。如果我们用口头语体中的谈话体来概括英语影视剧对白语言的特点就可以从语音、词汇、句子、语篇层面找到一些共性的东西，作为对英语影视剧对白语言特征的基本认识。从词汇上讲，英语对白多使用简单词汇、短语动词、词汇变体形式、习语、俗语、俚语、谚语等非正式词汇，还有大量的填补词和模糊词等；从句法结构上讲，英语对白多使用简单句、松散句、不完整句子、重复语句以及附加疑问句等；从语篇上看，影视剧对白具有简洁精练的特征，谈话场景变换多，大段对白少，话语组织简洁明快，突出中心。

三、影视剧的对白翻译

语言的特征决定翻译的策略和方法。根据影视剧的语言特色，即台词口语化和生活化、性格化和形象化、文学化和哲理化以及声画配合的特点，笔者得出如下影视剧翻译的基本原则。

（一）口语会话原则

文学作品中包括小说、诗歌、散文等，这些文学作品有着明显的难易之分，并且对读者有着不同的文字能力要求。观众对影视作品与文学作品的要求是相反的，因为影视艺术是一种大众化的艺术，绝大多数电影和电视剧是普通大众就能够欣赏的。因此，影视剧语言必须要让观众一听就懂，不需要故弄玄虚。

文学作品是以文字的形式出现在纸上的，如果读者一遍没有读懂，可以回头再去重新看。影视作品中的语言是转瞬即逝的，是即时性的，因此要求观众一遍就能够听懂。如果是在电影院或是电视直播中，即使观众没有听懂，也只能放弃了。如果是在网络中能够自己控制进度就能够倒回去再看一遍，不过这样做就太乏味了。

因此，在翻译影视作品时，译文必须要含义明确，语言流畅通顺。另外文学作品大多数是通过眼睛阅读的，而影视作品的语言是要靠耳朵去聆听的，在翻译影视作品中会出现一些令翻译者头疼的问题。如 he、she、it 三个词，翻译成中文分别是“他、她、它”。虽然这三个字发音相同，但是代表的意思是不同的，这三个字对于文学作品的读者来说并不是特别难理解的问题，但是对于影视作品的观众来说，如果只是翻译成“他、她、它”，大家常常会觉得疑惑是谁。所以，为了不让大家存在这样的困惑，这就需要影视翻译的译者能够较为灵活地做一些弥补工作，比如把其中一个人物的名字或身份译出来。

（二）人物性格化原则

影视作品在塑造人物性格特征上和文学作品是一样的。文学作品翻译时往往会抓住人物的性格特点，而影视作品翻译时会注重人物的语言性格特征。无论是文学作品翻译还是影视作品翻译，抓住人物性格特点是为了在译文时能够实现人物的生动传神。翻译者在掌握人物特点以后，在翻译时能够准确做到“对号入座”，只有这样才能在翻译中达到“观众闻其声，便知其人”的艺术境界。

四、影视字幕翻译

字幕与配音是影视作品翻译的两大主流方式，但是近年来，选择字幕翻译的观众越来越多。2005 年 5 月全球同步上映的《星战前传三：西斯的反击》，全国共发行 300 个胶片拷贝，其中英文拷贝有 100 个，达到了配音拷贝数目的一半。互联网上及时更新的外国影片基本上都是外文原音配中文字幕。邵毅在《潮起潮落潮不息：上海电影翻译发展研究》一文中对电影译制由盛转弱的原因归结为以下几点：在欧洲配音译制成本要比字幕译制昂贵 15 倍；是否拥有相关技术；在美国和法国，知识分子观众喜欢字幕甚于配音。20 世纪八九十年代后，中国观众的文字水平持续提高，认读电影字幕没有问题；对外国语言的兴趣；文化开放的程度；本国电影业的力量。

（一）字幕的定义

字幕最早是为了让原本无法了解音轨内容的观众了解影片内容，使更多的观众能够欣赏影片，为听障人士以及不了解影片源语的人士提供便利。

按照语言划分，字幕主要有语内字幕、语际字幕、双语字幕三种。李运兴在《字幕翻译的策略》一文中对语际字幕做出以下定义，即“在保留影视原声的情况下将源语译为目的语又叠印在屏幕下方的文字”。译制字幕通常出现在屏幕下方，以一行或两行的形式，与演员对白以及其他信息同步出现。译制字幕有以下几个特征。

①译制字幕与影片的对白语言不同，所以译制字幕的目的性很明确，主要是向非影片语言的观众传达影片对白及其他语言类可表达的信息。

②译制字幕中大部分信息是影片对白，但也有一些影片中零对白的信息，如路名、地名、歌曲名称等，可以通过字幕向目的语观众传达，并使观众有效地理解并获取影片信息。

③译制字幕只存在于影像类的媒体产品中，包括院线、视频电视、光盘以及 DVD 等可以涵括文字信息的媒体产品。

④字幕的阅读顺序主要有两种：由左及右或由右及左，前者如汉语，后者如阿拉伯语或希伯来语；日语电视节目中，字幕多为纵向出现，阅读顺序由上及下。

⑤字幕多出现在屏幕下方，正如字幕英语名称 subtitle 中“sub-”这一前缀所表达的意思，意为“在下方”。也有一些国家的电视节目在传达重要信息的时候，采取在荧屏正上方打出字幕的方式（surtitles，如歌剧唱词字幕），但译制字幕均在屏幕下方呈现。

（二）字幕的分类

默片时代出现的字幕卡是当代字幕的祖先，在当时影片的深色背景下（多为黑色），用浅颜色打上一些短句，在镜头转换间打在屏幕上。字幕卡当时的作用就是表达片中角色的一些对话或与影像有关的一些信息。

随着艺术形式的进步与发展，唱词字幕出现在了歌剧舞台之上。surtitles在美国也叫 supertitles，一些学者称其为 supratitles。surtitles 现已为加拿大歌剧公司开发并注册成为商标。它最早是在 1983 年一部名为《埃莱克特拉》的歌剧中出现的。时至今日，字幕广泛出现在影视作品中。《影视翻译：字幕》一书就对当代字幕进行了划分。

①按言语类分类：语内字幕（包括 SDH 听障人士字幕、语言学习准用字幕、卡拉 OK 字幕、语内方言字幕、影片内公示与通知）；语际字幕（包括普通观众、SDH 听障人士字幕）；双语字幕。

②按制作事件分类：预先制作（包括完整字幕、剪切板字幕）；即时制作（包括人工制作、机器录制翻译）。

③按技术指标分类：开放式字幕，是预先将字幕烧制在影片中，在影片的观看过程中无法去除或关闭；封闭式字幕，封闭式字幕则与之相反，字幕与影片本身是分离的，观者可以按自己需要选择是否需要字幕出现在影片中，而且此类字幕大多需要一些字幕的解码器才可以观看，如常见的 DVD 中的字幕。

④按字幕放映方式：机械式及热能投映；光化学投映；光学字幕；激光投影字幕；电子字幕。这一分类过程也正是字幕发展的简短进程。前面几种由于使用的年限很短，在字幕中并不占有重要的地位，目前字幕的放映方式主要以后面两种为主。

⑤按字幕发行方式：院线发行；电视台发行；家庭录像系统；DVD；互联网。

最后这一类型的字幕已经日趋占据字幕翻译中的主要份额，借助发达的互联网，影迷制作字幕的数量与质量都令人吃惊。最早的影迷制作字幕出现在 20 世纪 80 年代，当时日本漫画在欧美国家受到很多年轻人的喜爱，为了可以及时欣赏到自己喜爱的漫画，漫画迷们开始自主制作一些字幕文件挂在漫画的视频文件上同步欣赏。现在这种字幕的制作已经扩展到几乎所有影视作品中，并且也日渐成为主流观影人群较为优先的选择。

第五节　语言文化对商务翻译的影响

一、商务翻译的概念

商务英语翻译是在经济全球化的过程中，在各国间不断加深交流的进程中，作为促进商业文化和物质交流的经济活动的一部分而出现的一种翻译活动。

和翻译的概念一样，商务英语翻译的概念也可以从广义、狭义以及一般意义等方面来理解。从广义上来说，商务英语翻译包括一切与国际商务活动有关的翻译，它涉及与商务相关的广泛领域。例如，外宣政策文件翻译、外交事务翻译等都属于广义的商务英语翻译的范畴。狭义的商务英语翻译是指在具有直接经济利益目的的经营性活动中所涉及的翻译活动，泛指某一具体领域内的翻译。从一般意义上而言，商务英语翻译则是指跨越国界的各种商业活动，包括商品、资本、劳务等任何形式的经济资源的国际传递下相关的一切领域所涉及的翻译活动。

二、商务翻译的基本能力要求

（一）语言能力

从实质上来说，商务英语翻译属于翻译活动中的一种，因此，对于翻译者来说，其必须具备源语和译入语两种语言的能力。具体来说，语言能力又涉及词汇、句法、语篇等知识和技能。翻译活动实际上就是理解原文并对其进行信息的重组。翻译者的语言能力对翻译有着重要的影响。如果翻译者的源语语言能力不足，就会导致在原文的理解上出现问题。而如果翻译者的译入语能力不足，则会在信息的重组上出现问题。商务英语的翻译还涉及专业概念、术语以及国际商务规则等，这也对商务英语翻译者的语言能力提出了较高的要求。

从本质上来说，翻译就是两种语言间的转换，因此，对于翻译者来说，语言的转换能力就成为其核心能力。实现语言的转换要求翻译者在语言能力的基础上，通过对源语语篇进行分析，实现译文与原文在意义上的对等。

首先，语篇分析是语言转换的基础。对源语语篇进行分析要求翻译者具备一定的阅读理解能力。在分析源语语篇时，翻译者要分析的内容包括源语的语境与社会文化背景、源语写作者的意图、翻译的目的与要求等。在此基础上，翻译者还需要进一步对原文的结构、特点、思想等进行深入的分析。可以说，语篇分析是进行翻译的前提和基础。

其次，语言转换要求翻译者具备一定的语篇生成能力。也就是说，翻译者应具备用译入语对源语的信息进行篇章再现的能力。这一能力也是语言转换能力中的核心。针对商务英语的翻译来说，语篇生成能力要求翻译者对源语和译入语的商务文体、修辞等具有一定的了解。

综合来说，商务英语翻译者要想提高自身的语言转换能力，就必须广泛接触源语和译入语中的各类商务文体，不断理解相关知识和技巧，从而具备处理商务英语翻译中各种问题的能力。对于商务英语翻译人才的培养来说，必须坚持理论与实践相结合，加强对翻译策略的积累和总结，只有这样才能够成为商务英语翻译的专业型、应用型人才。

（二）跨文化能力

翻译是对两种语言的转化，因此其也属于跨文化交流活动中的一种，这就要求商务英语翻译中必须具备一定的跨文化能力。翻译不仅仅是单纯的语言行为，语言是文化的重要组成部分，其也受到了文化的深刻影响。因此，翻译者如果对于源语和译入语文化没有充分的理解，翻译活动就难以开展。文化与语言的关系也表明，在翻译过程中，文化信息的对等比语义信息的对等更加重要，如果在翻译过程中忽视文化信息，就会导致一定的误解。例如，我国著名的汽车品牌“红旗”，“红”在中国的文化意象中，有着吉祥的寓意，给人以积极、愉悦的感情。而在西方人的文化中，“red”则有“血腥”和“激进”的意思，因此，如果将其翻译为 red flag，是不合适的，容易引起误会。而采用音译的方法将其翻译为 Hongqi，是较为合适的。

（三）国际商务专业知识

商务英语翻译是建立在对国际商务专业充分了解和认知的基础上的，因此，国际商务基础理论知识，则是商务英语翻译者进行翻译的基础。具体来说，其主要包括专业术语、商务规范的表达、商务文体的特点、商务活动的语境等内容。因此，对于商务英语翻译者来说，要想做好商务英语翻译，不仅需要努力提高自身的翻译技巧，同时还应充分掌握国际商务专业知识水平。只有这样，才能够在翻译中，解决专业问题带来的挑战。

国际商务活动涉及的领域十分广泛，如食品贸易、服装制品贸易、工业品贸易等，不同的领域都有自身的特殊性。因此，在专业术语的使用上也有所差异。

而对于商务英语翻译者来说，要想做好翻译，则必须对相关领域的流程、环节等有充分的了解，从而把握不同领域的专业特点，避免发生误译。

（四）翻译职业素质

商务英语翻译的目的是促进跨国商务合作双方的沟通和交流，而不同国家和地区的人们在语言、文化、理念等方面不可避免地会存在差异，一旦不注意，就容易引起误会和摩擦，甚至导致双方的冲突和合作的失败，产生不必要的损失。为了避免这种情况的发生，要求商务英语翻译者必须具备较高的职业素质。具体来说，商务英语翻译的职业素质主要体现在以下三个方面。

1. 跨文化沟通能力

跨文化沟通能力具体包括商务沟通的理论和实践、中西方文化差异、跨文化商务交际的理论及其常见问题的对策等。即具备处理跨文化交际中的差异问题的理论知识和实践能力。

2. 研究和信息能力

随着时代的发展，在国际商务领域，不断出现新事物、诞生新术语。因此，对于商务英语翻译者来说，必须具备一定的研究能力，对新事物和新术语进行研究，使自己的翻译能够满足时代发展的需求。同时，当前的时代是信息化的时代，信息技术的使用对于提高商务英语翻译者的研究能力，具有重要的作用。

3. 职业道德

具体来说，商务英语翻译者的职业道德包括严谨的工作态度、实事求是的工作作风和保密意识。商务英语要求信息的传达必须是真实的、准确的、清晰的，因此，要达到这一要求，商务英语翻译者必须保持严谨的工作态度和实事求是的工作作风。在商务活动中，商务英语的翻译通常会涉及商业机密，对于商务英语翻译者来说，必须树立保密意识，不能随意泄露商务英语翻译的相关内容，避免给企业造成麻烦和损失。

三、商务翻译的策略

（一）信息对等策略

英国翻译理论家纽马克提出了文本理论。纽马克将语言的功能与翻译结合起来，从语言功能的角度来划分文本内容与文体。纽马克将各类文本体裁划分为“表达型”“信息型”“呼唤型”三种类型。通过分析可以发现，商务翻译中的文本大多属于信息型文本。此外，也有“呼唤型”的文本，商务广告文本即为商务翻译中典型的“呼唤型文本”。因此，对于商务翻译文本的翻译来说，传达真实的信息、使读者在阅读后产生效果，是其核心内容。即商务翻译不应只关于表层形式的对等，更重要的是实现其在深层功能上的对等。

因此，这里所说的“对等策略”并不是结构上的对等，而是原作者所要表达的真正的信息、风格和功能的对等，也即译入语文本与原文本在效果上的对等，在语义、文化、风格等信息上的对等。在信息对等策略的要求下，商务文本的翻译不应当仅在字面上实现语码的转换，而是在正确传达原文基本信息的前提下，强调突出表达商务文本的交际意图以及译文在译入语语境中的交际功能。

【示例】Things go better with Coca-Cola.

可口可乐，万家欢乐。

对于这一广告的翻译，使用了较为简洁的四字结构，生动表达了其品牌形象，将喝此种饮料的欢乐之情表达了出来。此外，劝购说服力跃然字里行间，达到了信息对等的效果。

（二）控制译文策略

该策略即在进行商务翻译时，译者对译文进行一定的控制。具体来说，控制译文策略可以从以下几方面实施。

1. 保持原文的思想风格

在进行商务翻译时，翻译者应当使用符合译入语习惯的语言对原文进行翻译，从而克服在翻译过程中源语对翻译的干扰，避免造成机械的翻译，保证译文的生动和流畅。

2. 处理好不可译性

所谓不可译性是指一种源语文本或单位不能翻译成另一种语言或单位，从而无法实现使用两种不同语言的人群之间的沟通或理解。不可译性是外来词“顽固的、未物化的、未分解的、未被扬弃的”那些成分。英语和汉语是两种不同的语言，因此，其在语法、结构等方面不可避免地存在一定的差异，而差异的存在有时会导致不可译性的存在。对于这一问题，译者在进行翻译时，首先必须对英汉在文化、表达方式等方面的差异进行分析，在此基础之上，利用各种翻译技巧，尽量使译文能够表达原文的意思。在商务翻译中，不可译的现象虽然存在，但是并不多见。在遇到这类情况时，还可以采用一些其他的方法进行处理，如在面对词义的不对等时，可以使用近义词进行处理，在不影响理解的情况下，还可以使用音译法。

3. 尽量避免错误

在翻译尤其是汉译英时，如果想当然地站在汉语的角度去审视翻译出来的英语的正确性，就会常出现翻译错误，从而造成信息传递的失误，让人感到不知所云。在商务翻译中常见的错误主要有词汇错误和语法错误两种。在进行汉语的商务翻译时，翻译者有可能会自然地站在汉语的角度，对翻译进行审视，这也做就容易造成翻译中出现错误，使读者对译文难以理解，阻碍和破坏了原文信息的传递。因此，对于翻译者来说，在进行商务翻译时，必须保持虚心的态度，积极思考，遇到有疑问的地方，应当谨慎处理，避免望文生义或机械的翻译。对于商务翻译来说，错误经常出现在词汇和语法两方面。

（三）注重文化差异策略

由于中西文化的历史背景与发展历程不同，中西方人在思维方式与表达方式等方面具有很大差异。这种差异导致源语系统与译入语系统无论是在语言风格、语篇文体等方面，还是在文化意识、风俗习惯等方面都具有各自独有的特征。因此，翻译就不仅是不同语言之间的交换，更是不同文化之间的交换。也就是说，翻译不仅仅是单纯的语言行为，其中还蕴含着深厚的文化内涵。这就要求我们在进行商务翻译时，不仅要追求语义与功能的对等，还要实现文化上的功能等值。这就是注意文化差异的策略。要做到最大化地实现原文文本所要表达的交际效果，达到文化功能对等，我们可以从以下四个方面入手。

1. 音译策略

在上述处理不可译性的论述中，我们已经提到过可以采用音译的处理策略。事实上，音译也是基于文化差异的具体策略之一。音译是一种译音代义的处理策略，这种策略在翻译中所起的作用一直是很重要的。例如，trust 托拉斯、Coca-Cola 可口可乐、cheese 芝士、golf 高尔夫、sofa 沙发等。

此外，随着国际交流的发展，汉语中的词汇也通过音译进入了英语，例如，太极拳 taijiquan、功夫 kung fu、饺子 jiaozi 等。

2. 归化策略

归化策略要求翻译者在翻译时以目的语为归宿对源语在语言、习惯、文化等方面进行处理，从而使翻译实现动态对等或功能对等。对于翻译来说，应追求动态对等的实现，即通过翻译，使源语在语言形式、文化等方面符合目的语的规范。

具体来说，实施归化策略要求翻译者以译入语读者为重点，按照他们的习惯对源语进行翻译。在把握原文意义的基础上，利用译入语的形式，表达相同的意思。采用归化策略翻译出译文，其最大的特点就是用地道的译入语进行表达，没有一点翻译的痕迹。

在不同种类的商务文本翻译过程中，都要注意其特别的文本格式与“交际规约”，在保证信息准确的前提下，在语言层面上对译文做适当的归化处理，以确保信息的准确和可理解性，从而实现译文的预期目的。

3. 异化策略

异化策略是指在翻译时应当尽量保持源语习语的语言形式，例如有用词、句子结构、比喻手段等，将原文的内容、形式、精神都输入到译文中，保留形象，努力减少翻译中的损失。实施异化策略进行翻译，有利于体现文化的多样性，突出源语与译入语在语言、文化等方面的差异，表现出了一种自主的意识状态。在商务翻译中应用异化策略主要有以下几方面的优点。

①可以提高源语表达在译语中的固定性和统一性，对于译语表达与源语表达在不同语境中的一致对应有着积极的作用。

②有利于使译文体现简洁、独立的特点，同时保持源语的形象、生动。

③有助于提高表达语境的适应性，提高译文的衔接程度，同时还对不同语言之间的词语趋同产生有利的作用。

4. 折中译策略

该策略即在进行商务翻译时，对原文的意思进行总结，并对原文中的文化意象，进行适当的处理。例如，在英语中有 a literary lion 的意象，如果按照直译的方法进行翻译，则翻译为“文学狮子”，而在汉语中找不到类似的意象，因此，这样的翻译难以为中国读者接受。而在汉语中，有相似的意象，即“泰斗”和“巨匠”，但是在英文中，a literary lion 指的是 a celebrated author，将其翻译为“文学泰斗”或“文学巨匠”在程度上又过高，因此，折中翻译为“著名作家”是较为合适的。

四、文化因素对商务翻译的影响

（一）理解商务词汇的文化内涵

商务英语翻译的实践过程是接触、了解和转换外国文化的过程，商务英语使用词汇精准而且量很大，一般都有商贸的专业含义。因此，要提高译文的准确性和质量，翻译人员就不能仅仅停留在对译文表层信息的理解上而应该去深入探寻原文所包含的丰富文化内涵，并在目标语文化中找到合适的表达。面对商务英文中的诸多文化差异，译者应当努力寻求不同文化中的契合点，力求在不同语码转换时实现表层和深层意义上的对等，避免对文化信息进行简单概括，以防掩盖多数的文化内涵。如果找不到两者的理想契合点，译者也可采用语境推测法来判定其文化意义，在此基础上通过创新性应用来实现灵活对译。除此之外，商务英语翻译人员还应具备搜寻跨文化信息的能力和习惯，通过更为权威的途径来确定商务词汇的文化内涵，以实现准确理解原文信息的目的。

（二）了解跨文化差异与联系

一个国家的文化是经过千百年历史沉淀形成的，是稳定而多样的，能够影响该国生产生活的各个方面。翻译不仅是语际交流，更是一种跨文化交流。其目的在于实现并促进文化信息传递。在翻译中源语作者和目标语读者所涉及的文化背景知识包括哲学思想、宗教信仰、神话传说、历史地理、文学作品、社会风俗习惯等诸方面，都可以看作与文化相关的语用预设。了解不同的文化背景、习俗和特点，避免翻译过程中的误解，并结合实际情况化解翻译过程中可能存在的文化冲突。因此，译者须对商务英语翻译中存在文化差异的词语、句法有深刻的掌握，尤其是存在多种含义的词语和具有特定含义的习语。我们应在实践中了解中西方文化，学习不同国家的文化知识，掌握在不同文化间的转换能力。

（三）运用商务英语翻译技巧

无论是直译法、直译加注法、音译法、意译法还是音译意译结合法，都是为了提高商务英语翻译的准确性，以达到“信、达、雅”的翻译目标。翻译工作者在掌握了一定的翻译方法和技巧后，要善于灵活采用多种方法进行翻译，然后根据环境和要求的差异，按照标准多方面比较，选取最佳译文。

（四）充分了解英语语言

英语语言和汉语一样，拥有漫长的历史，依靠短时间的学习，无法充分了解英语的各种语义。要想避免东西方文化差异对商务英语翻译带来影响，首先要充分了解英语语言。

第一，翻译之前要翻阅书籍了解各国的源语言和目标语之间的不同之处。坚持先理解到位，后着手表达，尤其是涉及科技或者经贸领域。

第二，加强自身的文化素养，从而能够对不同文化之间的异同、交融和碰撞有更深的体会。

第三，注重日常的积累。在有机会阅读国外出版物时，要特别注意一些表达新事物的词句，经过不断的积累，就会使自己的译文变得更加准确和地道。

只有这样，翻译才能真正促进各国科技、经贸和文化的交流与发展。商务英语翻译既要保证翻译时信息的完整传递，还要保证翻译能有效地促进商务活动的顺利开展。因此，在翻译过程中，要灵活运用各种技巧，结合双方的文化特点，发挥出翻译工作的艺术性，为商务活动的顺利进行打下基础。在翻译过程中，要将直译、音译和意译相结合，体现出翻译的艺术性，促进双方的深入合作。

第七章　文体翻译的实践研究

随着世界各地在政治、经济、文化、科学技术等方面的交流不断深入，对文体翻译的需求越来越大。文体翻译的实践研究不仅具有深远的学术价值，而且具有重要的现实意义。本章共分为新闻翻译、科普文翻译、政论文翻译、应用文体翻译、商务文体翻译五个部分，主要内容包括新闻、科普文、政论文、应用文体、商务文体翻译的特征、原则、方法等。

第一节　新闻翻译

一、新闻文体的词汇特点

新闻语言力求使用简洁、清晰、新鲜、生动、客观的词语。常用的手法有拟人、对偶和隐喻等，有引人入胜、发人深思的效果。新闻写作中避免使用夸张的形容词和副词，避免使用充满激情的句子、口语和俚语。新闻术语往往具有新闻文体的特点，在特定的语境限制下具有特定的含义。新闻报道的目的是吸引读者，所以要求文字词语必须新颖。

（一）使用新闻体词语

在翻译新闻时，常用的词语是具有特定的新闻色彩的。新闻报道中常使用的表达事实和事件的某些词汇，经过长期的使用，就会逐渐获得与新闻报道相关的特殊含义，日久天长，便会成为新闻词汇。例如，新闻标题中常用的词horror，现在经常被用来表示不幸事故和暴力行动。

（二）使用小词

小词就是指一个很短的单词，小词通常是单音节的。源于报纸篇幅的有限性，小词被广泛地使用。新闻翻译中使用小词会使译文看起来更生动灵活。在新闻英语中，小词被普遍使用，如 back（支持）、ban（禁止）、curb（控制）。

（三）大量使用缩略语

在翻译新闻时，要求语言简洁连贯，使用大量的缩略语可以节省一部分篇幅和时间。例如，WB（World Bank 世界银行）、ASP（American selling price 美国销售价）、biz（business 商业）等。

（四）临时造词

在新闻翻译中，为了吸引人们对新奇事物的追求，新闻报道常常使用临时造词法，概括来讲就是临时创造或组合的一个词或短语。例如，Euromart（European market 欧洲市场）、Reaganomics（Reagan economics 里根经济）、haves and have-nots（富人和穷人）等。

（五）使用专业词汇或外来词

为了唤起读者的亲切感，英语新闻文体大量借用体育、军事、商业、科技、文学、娱乐业等方面的专业词汇或外来词。例如，schmuck 蠢货（源于意大利语）；macho 有伟大男子气概的（源于墨西哥语）；the odds 可能性（体育用语，高尔夫）；showdown 摊牌（赌博）；package deal 一揽子买卖；dark horse 指出人意料的获胜者（赛马）；throw somebody a curve ball 虚晃一招，行骗；get to first base 取得初步成功（棒球）；throw the sponge 认输或投降；play for high stakes 下大赌注；hit the Jack-pot 获得大笔赌注，取得巨大成功等。

二、新闻文体的句法特点

（一）使用扩展的简单句

英语新闻报道通常使用简单的句子。简单的句子能使记者更容易在短时间内阐述事实，也能使读者理解得更清楚。特别是连续使用简单的句子，句子之间不会产生争议，更有助于清晰地描述事件的发展过程。简单句的扩展方法是使用定语、状语、同位语等辅助成分。一般来讲，介词短语和分词短语被用作定语和状语来扩展简单句子，不定式短语也用来表达行动的目的、意图和结果。下面来举个例子。

Fire in Lagos destroys foreign ministry offices

The Nigerian foreign ministry's offices were completely destroyed by a fire in the centre of Lagos Monday night. （扩展的简单句）

Eyewitnesses gave conflicting reports about the number of people injured in the blaze，which firemen suspect was caused by an electrical fault.

One fireman said four rescued from the ministry，suffering from minor injuries. About 100 firemen were unable to prevent the blaze spreading to buildings beside the seven-storey ministry.（扩展的简单句）

The foreign ministry，which lost many valuable records in the blaze，was due to be moved to a new site shortly.

The building，completely gated by the blaze，also housed offices of the information ministry and the ministry of science and technology. （扩展的简单句）

（二）使用主动语态

英语新闻翻译多采用主动语态，而以被动语态为辅。使用主动语态可以让读者对叙事有一种直接的感觉。新闻报道文体句子的基本句式一般是：主语 + 谓语动词、主语 + 谓语系动词 + 表语、主语 + 谓语动词 + 宾语。

下面来举个例子。

Stock Falls in New York

Stock prices slumped Tuesday amid conflicting economic signals in Washington.（The Active Voice：SV+ adverbial， modifiers/ 主动式，扩展简单句）

The Dow Jones average of 30 industrial stocks，after giving up more than 22 points in the previous four sessions，was down another five points half an hour before the close.（ditto/ 电文中各句均同上句基本结构模式）

The Dow Jones average gainers of 30 industrials fell 7.71 to 976.88.（SV+adverbial，modifier）

Losers outnumbered gainers by a two to one margin on the NewYork Stock Exchange.（SVO+ adverbial，modifiers）

Volume totaled 41.55 million shares， against 37.93 million in the previous session.（ditto）

The Exchange's composite index fell 0.44 to 76.14.（SV+adverbial）

（三）使用直接引语与间接引语

直接引语和间接引语被广泛应用于英语新闻报道中。引语的目的是使报道尽可能客观，并以保证记者没有混入自己的观点。下面来举个例子。

Opposition blames US-Israeli accord

JERUSALEM，Dec.2（Reuter）

Leading opposition Politicians on Tuesday criticized Israel's new strategic cooperation agreement with the United States，labeling it as meaningless，unnecessary and in one case dangerous.

The agreement calls for joint US-Israeli military council to plan sea and air maneuvers，as well as the stockpiling of unspecified US military equipment in Israel.

The agreement makes it clear that military cooperation was aimed only at Soviet or Soviet controlled aggression from outside the reign.

Sharon said，"We do not need direct American involvement in our dispute with the Arabs and have always said we are not interested in foreign soldiers fighting our battles."

However，former Prime Minister Yitzhak Rabin，of the opposition Labour Party，said the agreement was too hasty，unnecessary in present form，and meaningless unless it was approved by the US Congress.

Victo！ Shemtov，leader of the Labor Party，said the new accord was actually dangerous for Israel.

"For the first time in our history，we have undertaken to operate against a world power，the Soviet Union，while there are questions about American Promises to Israel，" he added.

Earlier cabinet sources said that some ministers including Foreign Minister Yitzhak Shamir，had been unhappy with the agreement because it stated that it was specifically designed to curb Soviet threats to the area.

But the sources said the United States had insisted on this point to reassure the Arabs that the pact was not aimed at them.

The Labor Party said it intended asking the government for a full copy of the pact to study before a vote on the agreement in the Knesset.

上则新闻报道一共十段，其中除第一段（导语）外，其余九段都是不同类型的引语。其中，两段是直接引语，五段是间接引语。另两段属于“概括性或总结性转述”，即第二段“the agreement calls for”以下文句和第三段“The agreement makes it clear that”以下文句。在许多情况下，这类转述的具体措辞也大体取自电文中提到的协议、声明、公报、谈话，等等。在这一点上，英汉新闻文体是一致的。

（四）以“消息”写作为基础

新闻是以“消息”写作为基础的，从文体话语分析的角度看，英美新闻写作包括评论和各种新闻报道。

其中，导语是用来总结关键事实，以最简洁的方式提及重大事件。常用导语包括五个“W”和一个“H”：What（何事）、Where（何地）、When（何时）、Who（何人）、Why（何故）、How（如何）。

导语之后的段落是根据事实的重要性排列的，所以连接段落的主线不是事件发展的顺序。新闻报道的特殊文本结构是由于新闻的特点，排版的工作人员可以根据文本长度判定如何缩短简化。

（五）要求具有客观性

无论是新闻报道、新闻分析还是新闻主题写作，都要求英语新闻作者排除个人情感和倾向，保持客观性。这就要求英语新闻文体要简洁明了，避免夸张的形容词和副词，避免充满个人激情的句子。在许多新闻稿中，不必要的形容词或副词几乎是不存在的，感叹句和祈使句的使用也少之又少。20 世纪 60 年代以来，英语新闻文体中已越来越多地出现口语体词汇及俚语，行文也越来越接近谈话体。

三、英汉新闻的翻译原则

（一）突出新闻事实

① 原　文：UNITED NATIONS，Oct.13 Ban Ki-moon，the foreign minister of R.O.Korea，was appointed Friday by the general assembly as the next secretary general of the United Nations，succeeding Kofi Annan.（*New York Times*：10/14/2006）

（What）：潘基文被任命为下一届联合国秘书长。

（When）：10 月 13 日。

（Where）：联合国。

（Who）：潘基文，科菲・安南。

（Why）：联大选举。

译文：联合国10月13日消息，韩国外交部长潘基文于本周五被联合国大会任命为下一届联合国秘书长，他将接替现任秘书长科菲·安南。

②原文：The U.S. House of Representatives Thursday overwhelmingly approved a $ 460-billion spending bill for the Defense Department，clearing the way for a vote in the Senate. The measure does not include funds for the wars in Iraq and Afghanistan.（CNN：11/08/2007）

译文：美国众议院星期四通过给国防部拨款4600亿美元的提案，该决议为参议院的投票扫清了道路。这笔拨款不包括美军在伊拉克和阿富汗战争的经费。

（二）“神”聚“形”散

“神”聚“形”散的原则用下面这个例子来表现。

原　文：Preparations are under way for the March startup of digital radio broadcasting，a technology that will offer listeners both high-quality sound and songs now available only on cell phones，as well as data transmission of software and animation，among other services.（*Japan Times*：11/05/2006）

译文：研究人员积极准备，于3月份启动数码无线广播。这项技术一经推出，听众就可以通过收音机收听高质量的音响和歌曲。数码无线广播还可以给用户带来软件和动画数据传输等各项服务，目前只有蜂窝电话才可以提供该服务。

（三）适当点缀

适当点缀的原则用下面这个例子来表现。

原文：Mr. Ban was approved by acclamation of the 192-member body and greeted by sustained applause as he walked onto the rostrum to make his acceptance speech.（*New York Times*：10/14/2006）

译文：与会的192个成员国代表以鼓掌的方式通过潘基文先生出任联合国秘书长。当联合国新当家潘基文走向讲坛做受任致辞时，台下传来经久不息的掌声。

四、汉英新闻的翻译原则

（一）忠于事实

忠于事实的原则用下面这个例子来表现。

原文：昨日，一辆双层巴士在香港旺角窝打老道突然失控，冲上人行道，巴士车顶被撞飞，至少造成 1 人死亡，12 人受伤。据现场目击者说，至少 3 名行人被撞倒，其中 1 名 30 多岁速递公司男职员送医院后证实死亡。（《新京报》：10/18/2006）

译　文：One person died and 12 others were injured after a double-decker bus rushed to the sidewalk around Da Lao road in Hong Kong. According to witnesses, at least 3 pedestrians were knocked down and an express delivery company employee was confirmed dead after he was rushed to hospital.

（二）适当减少修饰

适当减少修饰的原则用下面这个例子来表现。

原文：昨日下午，一位特殊的伤者被送入华西医院急诊中心。她金发碧眼，捂着右手痛苦地呻吟着，鲜血不断从纱布中渗透出来。据了解，这名女伤者 Lisa 来自美国，她上午在卧龙自然保护基地喂养熊猫时，不幸被熊猫咬掉一截大拇指。（《华西都市报》：10/18/2006）

译文：An American girl was rushed to Huaxi Hospital yesterday afternoon after part of her thumb was bitten off by a panda she was feeding in Wolong Natural Reserve.

第二节　科普文翻译

一、科技英语的文体特点

汉英科技文体用词严谨、行文规范，多纯科技词、派生词、缩写词、被动结构、非谓语动词、名词化倾向、后置定语、复杂长句等。特别是英语科技文本由于其独特的篇章特征，已成为专用英语中的一个分支，即科技英语。

科技英语由于其内容的特殊性、领域和话语功能使用的特殊性，以及科技工作者长期使用形成的习惯，在许多方面形成了自己的一些优势与特点，不同于日常英语、文学英语等，这些特点主要体现在词汇和句法方面。

（一）词汇层面

1. 专业术语多

专业术语是在特定研究领域专用的术语，它的含义一般不为普通读者所理解。专业术语具有词形较长、多复合词以及多缩略词三个特点，下面对这些特点来进行具体介绍。

（1）词形较长

即词的形式较长，具有词根和词缀，主要包含拉丁语、希腊语和法语。在科技英语中，这些术语用意明确，使用范围较小。例如，核子学 nucleonics、半昏迷 semisomnus、表皮脱落 excoriation 等。

（2）多复合词

在科技英语中，人们会用各种方法进行构词，从而形成复合词来表达新事物。例如，反装甲车导弹 anti-armored fighting vehicle missile、无线电传真 radiophotography 等。

（3）多缩略词

科技英语中，人们往往为了表达简便，能够节约更多的时间，会使用或者创造很多缩略词。例如，telecommunications satellite（通信卫星）缩略为 telesat、compound（化合物）缩略为 cpd、frequency modulation（调频）缩略为 FM 等。

2. 准专业术语和词汇多

准专业词汇是指存在于不同学科的具有不同含义的词汇，其中有一部分是常用词。例如，transmission 在无线电工程学中指“发射”；在机械学中指“传动”“变速”；在物理学中指“透射”；而在医学中又指“遗传”。

（二）句法层面

1. 多名词化结构

在科技写作中，为了使文章简洁，常常使用抽象名词或动名词形式或名词短语结构，其中，动名词的形式出现得很是频繁。例如，computer programming teaching device manual 计算机程序编制教学装置手册、the transmission and reception of images of moving objects by radio waves 通过无线电波来发射和接收活动物体的图像等。

2. 多长句和逻辑关联词

在科技英语写作中，名词化短语及其结构被使用的比较频繁，另外还会使用悬垂结构来改变句子的长短。在表达事件、事理时，为了使文章关系明确、逻辑清晰，会使用较多的长句，长句中包括分句、短语和逻辑关联词。例如，on the contrary、hence、consequently、then、however、but、yet、also、accordingly、as a result、furthermore、finally、in short 等。

3. 多用完成时和一般现在时

完成时和一般现在时是两种非常普遍的时态，在科技英语中使用得也相当频繁。完成时通常用于描述发现或获得的研究结果。一般现在时可以表达的内容的非暂时性，用此时态可以使科学定义、定理和公式在文章中不受时间限制，始终有效。

4. 多被动语态

在所有文体中，英语的被动语态都要多于汉语。在科技英语中这种特征更加明显。据国外一些学者的统计，在物理、化学和工科教材中至少有三分之一的动词都是被动语态。科技英语的目的是描述客观事物的本质特征，描述过程的发生、发展和变化，用被动语态能够更好地表达客观事物之间的关系。除此之外，被动语态能很好地阐述事物的客观性，能使作者的观点看起来更加科学，避免主观性的误导。根据这一特点，第一人称和第二人称在科技英语中很少使用，如果在某一情况下必须使用，用的常常是其复数形式。

5. 先行 it 结构多

形式主语 it 是用来引导句子的，方法是将较长的主语从句移动到句末。在科技英语中，它可以使句子结构安排恰当合理，避免了头重脚轻的现象发生，也可以使文本看起来更加凝重稳定。

6. 介词短语连用多

在科技英语中，介词短语、词组的连用现象会经常出现，这是为了使句子成分中的时间关系、空间关系、所属关系、逻辑关系表达得更加简单。例如，“The action of air on an airplane in flight at low altitude is greater than that at high altitude.”（空气对于低空飞行飞机的作用力大于高空飞行的飞机）。

二、科技术语的翻译

（一）正语序与反语序

通常来讲，为了符合汉语的特性，在翻译科技英语时，会放弃源语的语序而进行词序语序的调整。例如，dot-character nonimpact printing technique 在原语的语序中会被翻译成“点阵字符非击打式印刷技术”，但在汉语的特性中，人们常常把表示颜色、形状和否定意义的词放在最前面，所以，改译后为“非击打式点阵字符印刷技术”；shorted diode fault 根据汉语语序特征翻译为“二极管短路故障”；decision tree classifier 根据汉语语序特征翻译为“树形判定分类法”；automatic message switching centre 根据汉语语序特征翻译为“报文自动交换中心”；dedicated microprocessor system 根据汉语语序特征翻译为“微处理机专用系统”；common business oriented language 根据汉语语序特征翻译为“商业通用语言”；buffered input/output channel 根据汉语语序特征翻译为“输入输出缓冲通道”；common user network 根据汉语语序特征翻译为“用户公用网”。

（二）形容词修饰语与名词修饰语

科技英语中存在名词化倾向，但名词修饰语与名词之间有时存在着深层的语义关系，这就决定了名词修饰语与形容词修饰语之间有时存在着明显的语义差异。例如，riot police 防暴警察与 riotous police 暴乱的警察；efficiency expert 研究提高工作效率的专家与 efficient expert 工作效率高的专家；obesity specialist 肥胖病专家与 obese specialist 胖专家。

根据以上例子可以看出，科技英语翻译中词的意义的差别。通常来讲，名词侧重于修饰或限制功能的方面，而形容词只根据属性修饰名词，有时名词修饰名词，但其中一个有更多的动词属性。例如，dust furniture 家具除尘，milkman 送奶工。

（三）音译法和意译法

当一个新的科技术语出现时，人们并不能精准地理解它的含义，而为了应急，翻译人员常常会选择音译的方法。例如，hormone 和 combine 曾分别被译成了“荷尔蒙”和“康拜恩”，后来翻译者对它们的含义有了准确的认识，现把它们翻译成“激素”和“联合收割机”。

当今时代，科技英语的发展速度一直处于上升趋势。仅仅是在光电子学中就出现了数以千计的新词，即使是最有效率的词典编纂者也无法应付这种情况，所以翻译人员翻译不出也就并不奇怪了。人们普遍认为，如果遇到短语型科技术语时，在各种词典中找不到翻译方法，就应该对该术语进行语义分析，并根据科技英语翻译术语的一般原则对该术语进行适当地翻译。如果是对单词进行翻译，可以使用在音译后加括号的形式，括号中是原始语言单词，保留给命名委员会或在理解科技术语的含义后，供将来修订。

（四）简洁性和理据性

在科技英语翻译中，要保持简洁的原则。例如，hot air 不能翻译成“炽热空气”，而应该翻译成“热空气”。翻译科技术语时，助词“的”常常是被省略或者去掉的，但为了表达语句或短语的理据性，通常会适当地加入一些词语，也就是所谓的增词。例如，hi-rail track evaluation car 翻译为“公铁两用轨运检查车”。

与西方语言的构词法相比，汉语的结构语法有很大的不同，汉语主要属于句法型。词法产生的汉语专业术语有主谓结构、动宾结构和偏正式结构。常见的构词类型属于词法类型。在此基础上，在翻译科技术语（特别是综合科技术语）时，应结合汉语的词汇特点，将科技用语正确地翻译成主语动词、动词宾语或部分形式结构，在这些结构中，通常会添加一些单词。其中，动词主要添加在主语动词和动宾的形式之中。名词主要是在科技术语偏离结构的情况下加上去的，有时还会加上副词和形容词。

第三节　政论文翻译

一、政治文文体词汇特点

（一）政治色彩浓厚

在政治文体翻译中，语篇中的术语是具备很强的时代性的，这些术语伴随着时代的发展而发展，它的变化反映了不同时期的政治、经济和文化的变化。语言在其发展过程中，会受到社会因素的影响，其中时事政治引起的语言变化最为频繁和迅速。世界是动荡的、变化的，每一个重大的政治事件都会引发一些新闻。时代在发展，社会在进步，新的政治词汇也层出不穷，它们的类型虽然多种多样，但都具备同一个特征，即浓厚的政治色彩和时代特征，它们都充分反映了政治的变化。例如，当今家喻户晓的“中国梦”（Chinese Dream）。

（二）语言简洁精练

中国人善于归纳总结，常常使用概括性词汇，很多汉语表达言简意赅，但却有着丰富的内涵。例如，“立党为公，执政为民”（the Party was founded for public good and it exercises state power for the people）。

在中国，政治术语常常用缩写来表示其含义，这些词有丰富的内涵和深刻的意义，常用数字词的缩写形式。例如，“一个中心，两个基本点”“八荣八耻”“八条规定”等。下面以政府工作报告中的一段为例。

原文：全面贯彻中央八项规定精神，开展群众路线教育实践活动，坚决反对“四风”，严格执行“约法三章”，中央国家机关“三公”经费减少35%。

译文：We fully implemented the CPC Central Committee's eight-point decision on improving Party and government conduct，carried out the campaign to heighten awareness and implement the mass line，firmly opposed formalism，bureaucracy，hedonism and extravagance，and strictly implemented the State Council's three-point decision on curbing government spending. Spending by central government bodies on official overseas visits，official vehicles，and official hospitality was reduced by 35%.

政府工作报告中的这一段就用到了四个缩略词，“八项规定”“四风”“约法三章”“三公”。如果对以上缩略词语的含义不清楚，势必就无法翻译，而如果只对字面意思翻译，也无法让外国读者明白是什么意思。所以译文中对缩略语做了相应的解释，以期达到译文的可读性。

（三）比喻意义多

虽然政治文献讲究语言的精确性和简练性，但也不乏比喻的运用。例如，2014年政府工作报告中提到，要“放开市场这只‘看不见的手’，用好政府这只’看得见的手’”。

原文：让金融成为一池活水，更好地浇灌小微企业、“三农”等实体经济之树。

译文：We will ensure that financial services play an active role in meeting the needs of the real economy，including small and micro businesses，agriculture，rural areas，and farmers.

例子中将金融比喻为“一池活水”，将小微型企业和“三农”比喻为经济之树，在翻译此类语句时，重点是要将原句的意思表达清楚，有些翻译可以省略。译文将“让金融成为一池活水”灵活译为“ensure that financial services play an active role in...”，后半句的浇灌处理为“meet the needs of”，这样的处理避免了过多比喻带来的理解障碍。

（四）多余的强调词

汉语的表达习惯是，动词前常常加上肯定性评价词。例如，“认真贯彻”和“积极推进”中的修饰语“认真”和“积极”。与汉语相比，英语在表达政论文时更加简洁，一般采用客观的陈述方式。无须出现的修饰语通常被称作多余的强调语，在汉译英时应该删掉。例如，“更加圆满”“努力提高”“积极推进”“进一步加速”等。下面来举个例子。

原文：我们要在21世纪头二十年，集中力量，全面建设惠及十几亿人口的更高水平的小康社会，使经济更加发展，民主更加健全，科教更加进步，文化更加繁荣，社会更加和谐，人民生活更加殷实。

译文：We need to concentrate on building a well-off society of a higher standard in an all-round way to the benefit of well over one billion people in this period. We will fuller develop the economy, improve democracy, advance science and education, enrich culture, foster social harmony and upgrade the texture of life for the people.

例子的原文中出现了七个“更加”，但是在英语翻译时，不能使用七个“more”，因为“more”只能与“水平”与“更高”构成正式的搭配关系，而“develop”和“progress”本身带有“forward”的含义，所以不能与之构成搭配。“更加发展”要说“develop/progress further”，就像“更加开放”不能说“more open”而要说“open wider”一样。另外，“健全”的英语翻译更不能用more。

（五）重复用词

在汉语的政治文件表述中，一个词会经常重复使用，这是为了着重表达其内容。这只是汉语中存在的特点，而在英语中，这种特点是不存在的。在英语中，经常会使用不同的词来表达相同的意思。因此，在对中文中这样的重复词汇英译时，应尽量避免重复，遣词上要进行适当的转换，或者适当忽略某些词汇，这样才不会产生累赘的中式英语。

二、政论文文体的特点

政论文都是为某个组织、政党或政体服务的，因此都有一定的政治倾向。从语言特点上来看，政治理论要严谨、明确、清晰、坚定。科学著作中的具体表述，可以在政治文体中适当使用；常用的修辞手法也可以在政治论文中自由使用。

（一）政治色彩浓厚的语用规范

严复早有“一名之立，旬月踌躇”之说，这个说法特别体现在政论文的翻译中。近义词、同义词或同一个词的用法在情感意义或政治色彩上并不完全相同。翻译工作者应注意这些差异，注意国际上常用的固定翻译方法。否则，细微的差异往往会导致意义表达上的错误。例如，《反分裂国家法》的译名问题，其中“分裂”一词若用“separation”是不合适的，“separation”强调“政治理念方面的分歧而引发的分裂”，而国内正式译名采用“secession”一词，可谓归纳得恰到好处。

（二）依实出华的修辞品格

政治话语主要关注意识形态领域，注重客观事实，虽不过于强调语言的华丽性，但要通过简单的自然语言，根据读者或观众的心理上的审美接受程度，通过各种艺术手段来表述语言。下面来举个例子。

原文：全党必须坚定不移地高举中国特色社会主义伟大旗帜。

译文：The whole Party must unswervingly hold high the great banner of socialism with Chinese characteristics.（“中国特色社会主义”和“旗帜”构成暗喻关系，翻译为“hold high the great banner”既符合英语表达又能传达原文信息。）

（三）特色语言表达

社会变迁促进语言发展，语言进化反映社会现实。为了把握当前形势、国情和热点评论、焦点和社会政治困境，政治话语应立足于时间或事件，并与现实生活相结合，成为新时期展示汉语特色的主要政治话语语言。例如，毛泽东思想（Mao Zedong Thought）/ 邓小平理论（Deng Xiaoping Theory）/ 三个“代表”（Three Represents）。

（四）言语思辨与逻辑规范

政治话语将政治理论与社会现实相结合，将理性与叙事、论证相结合，进行高层次的话语，呈现出独特的语言思辨风格和思维张力。政治话语以抽象的理性思维为基础，直接指向事物的本质，强调内在的逻辑规范，强调引论、理论、结论、论点、论证的有机统一。

三、政论文翻译原则

（一）忠实原作思想

在政治文体翻译中，翻译者必须忠实于作者的政治观点，必须准确地表达出作者独特的思想理论，站在原作者的立场，不得歪曲和改变所讨论的原则和政策。下面来举几个例子。

①原文：全面建设小康社会

原译：to build a well-off society across the country

把“全面”译为“across the country”，这是没能对原文进行准确理解，在这里“小康”不仅仅指经济生活比较富裕，也包括政治、文化的全面发展，“全面”应改译为“in an all-round way”。

②原文：鼓励社会力量办学

原译：encourage social forces to run schools

“社会力量”是指“民办，非政府机构”。

改译：encourage non-governmental sectors to run schools

③原文：经验证明，关起门来搞建设是不能成功的，中国的发展离不开世界。

原译：Our experience shows that China cannot rebuild itself with its door closed to the outside world and that it cannot develop without the help of other countries.

该译文距离原文意思相差太远，“中国的发展离不开世界”在译文里却成了“没有别国的帮助中国就不可能发展”。这种用词不问轻重，随意离开原文自由发挥的倾向，是政论文章翻译中最忌讳的。

改译：Our experience shows that China cannot rebuild itself behind closed doors and that it cannot develop in isolation from the rest of the world.

（二）义切词严

意识形态的严谨性是指对政治判断的把握，在翻译词语和句子时要特别注意。政治文章中对词语的语义深度的翻译、对句子意义的翻译，都应该反映原作者的立场和态度。翻译者在使用词语和句子时，应尽量全面、细致地理解原文。政治翻译不可避免地会涉及对译者语调、风格、思想感情的侵犯。如何处理翻译者的语言和情感的干扰，是翻译职业道德的普遍要求，也是政治理论翻译中的一个重要问题。如果翻译者加入的自身语言和思想过度，就会破坏翻译的忠实性和准确性。

所以，在政治文体翻译时，翻译者应避免主观臆想和刻意渲染。政治语篇的翻译有着严格的翻译要求。译者必须时刻牢记并严格遵守翻译职业道德，不能偏离正确的情感、态度和情绪，也不能歪曲、篡改原文的意思，一定要做到忠实。

（三）充分明晰

政治理论翻译除了要流利外，还要有足够的信息表达能力。为了避免歧义造成的误解和误会，政治话语中没有过多的干扰信息，这就要求翻译者必须把自身的理解力、兴趣、语言以及解释力加于此，才能完全达到目的。

有两个方面需要特别注意。首先，大量的政治用语具有较强的时效性和简洁性，在翻译时应尽量补充。例如，“四化方针（革命化、年轻化、知识化、专业化）”应该翻译为“principle to select the revolutionary，young，knowledgeable and professional cadres”。其次，由于文化差异，有必要适当增加涉及重大历史事件、时间、地域观念和民族个性的信息，以补充知识信息的缺乏，以利于不熟悉历史的读者进行理解。例如，“中国内战”可以用“中国内战（20世纪40年代末）”来表示，在其中添加时间概念，翻译成“China's civil war of the late 1940s”。

（四）逻辑严谨

通读原文，抓住中心，分析文章谋篇布局的脉络，理清作者逻辑推论的层次，领会作者的章法，可以避免翻译时断章取义，造成逻辑错误。

第四节 应用文体翻译

一、社交信函

（一）文体特点

1. 用词讲究、针对性强

由于社交信函与实际工作、学习、生活密切相关，因此社交信函具有“实用”的特点。例如，感谢信可用于感谢对方曾经给予的支持、关心、款待和帮助等情况；祝贺信可用于对他人的成就业绩、提升晋级、结婚添子等表示庆贺、赞扬、祝福等；致歉信的主题是表示歉意；吊唁信主要是表示对死者的哀悼和怀念。这种有明确的目的性的社交信函在词语的选用上必须以其目的为轴心，根据交际双方关系的具体情况进行选词。因此，用词讲究、针对性强是所有社交信函的特点之一。例如，写给病人的慰问信应围绕“慰问”这一目的轴心，有针对性地措辞。英语可选用 sorry、hurry and get well、best wishes、speedy recover 等词语；汉语可选用“身体欠佳”来取代“生病”等，以免无意中刺激病人，影响病人的康复。

2. 语言简洁、准确明了

社交信函语言是介于书面语和口语之间的语言形式。它不像其他书面语言那样讲究文采，也不同于普通口头语言那样使用随便。由于社交信函以言明事实、解决问题为主旨，因此，语言要求简洁、准确明了。“简洁”即言简意赅，文字力求简练、易懂，忌用大词或生僻词语；尽量使用短句，避免冗长、繁杂的句式。“准确明了”指语言表达清楚、准确达意、语法正确、主题突出、思路清晰、段落分明、层次清楚。例如，在书信式介绍信中，对被介绍者的姓名、年龄、职务、性别以及要接洽事项进行直接、准确、条理分明的介绍说明，会使收信方感觉清楚明白，不存疑问。相反，如果选择生僻难词进行解说，采用冗长繁杂的句式和华丽的辞藻加以表述，反而会使介绍信丧失原本的“纪实”风格，使收信方读后感觉有喧宾夺主之感，这样便失去了介绍信原本的功能。

3. 语体多样、措辞得当

社交信函因其交际对象、交际目的等不同而呈现出多样化的语体特征。不同语体需要使用与之相适应的恰当、得体的语言来表达。以感谢信为例，不同交际对象根据其不同的交际目的在表达感谢之意时，其语气、词汇、句式等语言要素的选择具有明显的差异性。例如，受汉文化“贬己尊人”以及“上下、贵贱、长幼”有别的礼貌规则的影响，汉语常使用“贵”“尊”“高”等词称呼对方公司，“敝”“贱”“鄙”等称呼自己公司，以表明语气的谦恭和用词的正式。而英语语言受传统的“平等”思想影响，常采用坦率、直接的表达方式，称呼中不含有“恭谦”的语气和语调，一般男士用 Mr.，已婚女士用 Mrs.，未婚女士用 Miss 称呼。交际对方如果是公司单位，美语用 Gentlemen，英语用 Dear Sirs 或 Sir 或 Dear Sir 来称呼。一般来说，交际双方关系距离越近，信函的语气越平和亲切，用词越随便；反之，信函语气越委婉礼貌，用词越正式。

（二）翻译要领

1. 信函内容的忠实与通顺

翻译社交信函时，应遵循“忠实”“通顺”的翻译原则。“忠实”指选择准确的语言，再现原文的真实信息。而准确的语言表达要求思路清晰，同时也要求对必须字、词、句精心选择与反复推敲，避免因词义含糊、用语不慎、概念不清、判断不当等语言细节漏洞而造成歧义迭出、前后矛盾等失误，要确保每个词、每句话意思清楚、准确无误，每个句子符合语法和逻辑。“通顺”指句式处理恰当、选词妥帖、译文流畅。例如：

Dear Mr. Wang,

We very much regret that because of long-standing arrangements it will not be possible for me to attend, but we do appreciate the opportunity to have met the visiting study group, and sincerely hope that their stay in this country has been both pleasant and profitable.

Yours faithfully,

Bob Adams

译文：

王先生：

由于早已有了别的安排，恕本人届时不能参加，不胜抱歉之至。有幸会见来访小组的成员，感到十分高兴。衷心希望他们在我国的玩得愉快，又有裨益。

此致

敬礼！

你忠实的

鲍勃 · 亚当斯

译文将“regret”译为“抱歉”，“appreciate the opportunity”译为“有幸”，符合信函的语言环境，避免了歧义；将长句“We very much regret that because of long-standing arrangements it will not be possible for me to attend”分译成三个短句，使信函意义清楚、易懂、通顺，符合汉语多短句的句式表达习惯。这种译文选词准确，句式处理妥当，忠实再现了原函的真实信息。

2. 社交套语的“语用等值”原则

汉、英社交信函都存在一定的社交套语，“礼貌原则”使这些社交套语在人际功能方面具有一致性，即传递人际意义，实现交际功能。然而，文化差异使汉、英社交信函中的社交套语呈现形式上的不对等。其具体表现是，汉语社交信函中，社交套语主要通过词汇形式表达“礼貌原则”，而英语社交信函中，社交套语主要通过句法结构来实现“礼貌原则”。

例如，汉语社交信函中常用的社交套语有“静候佳音”“此致敬礼”“谨致谢意”“敬启”“承蒙”“兹”“恭”等词汇。这些社交套语在概念意义上已经淡化，而人际意义相对加强。“静候”实际上等同于“等候”，这仅仅是一种借助词汇表达文雅、礼貌的方式。

而英语社交信函中，语气系统和情态系统是实现社交套语交际功能的主要手段。语气系统主要使用疑问句、祈使句、虚拟语气等句法形式，情态系统主要使用情态动词等形式。例如，“I'm sorry to tell...”句型是以委婉礼貌的口气，向对方表示同情。

汉、英社交信函中，由于社交套语在形式上存在不对等性，而“礼貌原则”又使这些社交套语在人际功能方面具有一致性，因此，在英译社交信函时，应采用“语用等值”的翻译原则，从礼貌、语气、语体等方面，尽可能寻求话语基调中人际意义的对等。

3. 社交信函翻译的文体对应

由于社交信函涉及范围较广，不同类型社交信函又受其交际对象、交际目的等因素的影响，在语言风格上存在差异。因此，汉、英社交信函语言风格的翻译需要从风格的载体——语言符号入手，分析其语言特点，从语音、语气、词汇、句式、修辞等方面综合考虑，运用灵活多样的翻译方法和技巧，准确、恰当地传达原文的基本内容，追求意义和风格上最接近、最自然的对等。以下列感谢信为例。

To Mr. Ben Harmsworth,

We would like to express our appreciation for your remarkable service as a member of the Education Club. The contributions you have made to our club over the past two years have been invaluable to us. We wish you much luck in your future endeavors.

Sincerely,

Hugh Alison

译文：

致本·哈姆斯沃斯先生：

我们谨向您作为教育俱乐部的一名会员所做的杰出贡献表示感谢！在过去两年中，您为我们俱乐部所做的一切都是如此宝贵。祝您在今后的事业中好运！

真诚的，

休·艾利森

原函是一封以单位名义写给会员的感谢信，语气客观、正式。例如，使用appreciation、endeavor等正式词汇。译文也从语气、措辞、句式等方面对应了原函的正式文体风格。例如，译文中使用两个感叹号，选用“致”“谨”“您”等词对应原函的语言风格，从而使感谢诚恳真挚。

二、请柬

（一）文体特点

1. 文体庄重措辞正式

英语和汉语的请柬都是一种非常庄重的书面文体，所以在措辞上要用正式的文字。下面来举个例子。

Dr. and Mrs. Thomas Matthew Benton

request the pleasure of

Mr. and Mrs. Roger B. Clark's

company at dinner

on Thursday, September the twentieth

at eight o'clock

No. 250 Park Avenue

译文：托马斯·马修·本顿医生及夫人谨定于九月二十日（星期四）八时于帕克大街二百五十号举行晚宴。敬请罗杰·B. 克拉克先生携夫人光临。

中英文请柬不论从形式和措辞上看都显得庄重正式。汉语请柬用了“谨定于”“光临”等，英文的请柬用了“request、pleasure、company”等，都属于书面正式用语。两个请柬皆用了第三人称，而不用第一人称，符合正式请柬的文体要求。

2. 措辞通顺简明典雅

请柬是较庄重正式的一种文体，措辞上既要通顺明白，又要简明典雅，避免堆砌辞藻和公式化语言，摈弃烦冗、造作、浮华和乏味的话语。所谓“典雅”，就是要讲究文字美，一般使用雅致的文言词语。例如，英语在措辞上用request、the honor of、the presence of等，汉语用“谨（兹）定于”“敬备喜宴”“敬请光临”“恭请尊驾莅临指导”“谨订”等，但不可为求“雅”而去追求古文言。中英文请柬都要力求表达贴切得体、简明文雅。

3. 礼貌用语得体恰当

请柬的写作非常注重礼貌礼节用语。汉语称谓语要在人名后加尊称，结尾可用“敬请光临”“随时恭候”等语词，以向对方表示邀请和问候；在向对方问候时用“致以敬礼”“顺致崇高的敬意”等语词；结尾署名时有时还在名后加上敬语。英语称呼语有三种情况：彼此都使用头衔加姓名，最为正式；只用名，不用姓，也不带头衔，以示关系非常亲密；一方只用名字，另一方用头衔加姓名，表明前者把后者视为朋友或晚辈，而后者把前者看作非常敬重或尊贵的人。英语也用诸多礼貌性表达法，例如，...cordially invite，...feel greatly honored/pleased，requests the honor/pleasure of your presence（相当于汉语的“敬请光临”）等。

（二）翻译要领

1. 竖式请柬翻译的顺序转换

英文分行式（竖式）请柬有固定的格式要求，按照“邀请者、被邀请者、邀请之意、活动内容、时间、地点”等先后顺序排列。第一行是邀请者的姓名（要用全称）；第二行是 request the pleasure/honor of（有时一二行合为一行），可翻译为汉语的“恭请”等词语；第三行是被邀请者的姓名（要用全称），翻译时也要求用全称；第四行是 company at，相当于汉语的“光临……”；第五行是日期；第六行是钟点；第七行是地点。如果要求复信，英语要求受邀请者回复的正规格式一般都是在信末或请柬末尾处写上“R.S.V.P.”或字母后不带点的“RSVP”或小写的“r.s.v.p.”，这是汉语的“请赐复”，但该表达方式非常正式。一方面，邀请人虽盛情邀请，但却尊重受邀者的个人选择权，客人若有事或不想赴宴，完全有权缺席。根据礼貌用语原则，用该表达法是说明邀请者没有把个人意见强加给对方或者说，越正式，强加的力度越小。使用该词语，没有必要同是否尊重个人隐私权或个人权利扯在一起。邀请客人本身即已代表尊重被邀请者。

2. 请柬翻译的功能对等法

由于英汉请柬在词汇、句法、语篇、语言、思维、文化（心理）等方面的差异，英语请柬汉译时应遵循功能对等原则。也就是说，要采取归化的翻译策略，用读者习惯的表达方式，来传达邀请之意。下面来举个例子。

Mr. and Mrs. John Smith
request the honor of the presence of
Mr. and Mrs. J. A. Brown
at the marriage of their daughter
Elizabeth Smith
to
Mr. John Frederick Hamilton
Saturday, the twenty-ninth of September
at four o'clock p. m.
Church of Heavenly Rest
New York

第一步，字对字、句对句直译。

约翰 · 史密斯夫妇：

恭请 J. A. 布朗先生及夫人光临他们的女儿伊丽莎白 · 史密斯与约翰 · 弗雷德里克 · 汉密尔顿先生的婚礼，星期六，即九月二十九日下午四时在纽约天安教堂。

第二步，对直译译文进行增补、省略、替代、拆句、换位处理。

J. A. 布朗先生及夫人：

九月二十九日（星期六）下午四时在纽约天安教堂，他们的女儿伊丽莎白·史密斯与约翰 · 弗雷德里克 · 汉密尔顿先生的婚礼，恭请光临。

约翰 · 史密斯夫妇

第三步，对译文的用词作增补、替代处理，使其符合译入语表达习惯。

J. A. 布朗先生及夫人：

兹定于九月二十九日（星期六）下午四时在纽约天安教堂为小女伊丽莎白·史密斯与约翰·弗雷德里克·汉密尔顿先生举行婚礼，届时恭请光临。

约翰·史密斯夫妇谨订

第五节　商务文体翻译

一、商务翻译的文体意识

（一）术语对等

术语对等的实现是商务英语翻译的重要原则。商务英语文本涵盖了广泛的技术术语和常用的行业术语，译者必须找到与这些技术术语和行业术语相对应的源语言。在生活中有些词可能没什么意义，但在商务英语文本中，需要根据上下文分析，了解它们特定的含义，这是商务翻译的重要问题。

商务英语中的大多数词汇都有其特殊的含义。例如，品牌的商标是公司特有的，能表示公司产品的名称或标志。一般来说，一个术语只有一个单一的解释，即一个英文单词对应一个中文名称。每个行业中都有很多约定俗成的行话。

商务英语由于文本的不同而涉及多种技术术语。商务英语的专业性就体现在翻译过程中术语的理解。然而，在翻译实践中，有许多术语是不相对应的。译者在没有理解源语意思的情况下，望文生义，一译便错。

（二）复数

有很多复数形式的名词，在商务英语与日常英语中的意义是不同的，甚至意义偏差极大。在翻译实践中，译者往往忽略了某些复数名词，导致出现严重错误。当他们没有深刻理解原作者到底想说什么时，就不能准确地再现原文。这种错误出现的频率是非常高的。

（三）专业知识

扎实的英语基础和一定的专业知识是从事商务文体翻译的译者必须具备的两个基本条件。有了坚实的语言基础，就可以对源语言有正确的理解。如果译者不具备扎实的专业知识，翻译出来的文章就不能满足商务交易、合作的要求。

在缺乏专业知识的情况下，译者无法翻译出相关的特殊表示意义，特别是商务中的行话，不能翻译出真实对应的意思。所以，在某种意义上说，增加专业知识的意识是做好商务文体翻译的核心意识。

（四）近/同义词叠用

叠加使用近义词和同义词是商务英语中常用的表达方式，通常用于合同或其他法律文书之中。这种叠加使用保证了所用词语的意义不被误解，保证了原文的高度还原性和准确性，同时，也更好地体现了文本的严肃性，使表达更加合理、更全面、更灵活。这种词语叠用通常用 and 或 or 连接。例如，loss or damage“丢失或损坏”、void and null“无效”等。而不专业的译者会因为不了解它的真正含义而进行误译。

（五）词语组合

在翻译商务英语文本时，我们会看到一些词在不同的组合中产生不同的意思。这是译者必须充分考虑的因素。如果译者翻译时总是理所当然、顾名思义，未经分析就进行翻译，翻译出来的必然是错误的，甚至会影响大局。

二、商务文体的翻译方法

（一）时态倒退法

在商务谈判的翻译中，动词的一般过去时常常代替现在时，这样可以使对话显得更有礼貌，语气更具谈判性。下面来举个例子。

原文：你方能否把价格稍微降低一点，以便咱们能立即成交？

原译：Can you lower your price a bit so that we can conclude the quick transaction？

改译：Could you lower your price a bit so that we can conclude the quick transaction？（还盘）

（二）语态被动法

在商务函电中，一般使用主动语态用来表达双方的立场和意见。而在其他情况下，被动语态通常用来使写作正确，使语调更符合商务信函和电报的要求。英语主动语态句强调行为的执行者，而被动语态句强调行为的客体，在翻译时，要尽量符合国际商业惯例。下面来举个例子。

原文：由于交货日期临近，谨请贵方尽快开立信用证。

原　译：As the date of delivery is approaching，we request you to expedite the establishment of the L/C.

改译：As the date of delivery is approaching， you are requested to expedite the establishment of the L/C.（催开信用证）

（三）语气虚拟法

语气虚拟能使语气委婉含蓄。在日常生活的交往中，人们经常会使用虚拟语气来表达自己的意见，来提出要求或建议。在商务谈判或商务书信中，商务人士也常常用虚拟语气的动词形式来表达自己的观点、要求或建议，这样会使话语中带有礼貌、含蓄、温和的特点，有利于形成平等友好的气氛，有利于实现自己的商务目标，更也有利于建立长期稳定的商务关系。下面来举个例子。

原文：若贵方能让我方在销售季节之前提货，我们将不胜感谢。

原译：We will be very grateful if you can let us take delivery before the selling season.

改译：We would be very grateful if you could let us take delivery before the selling season.（请求）

在这个例子中，动词是虚拟的语气形式，双方在商务谈判中会比较轻松，能够心平气和的陈述需要和价格定位等，避免了咄咄逼人的紧张氛围，谈判和协商的空间余地比较大，有利于发展商贸关系。

（四）词句否定法

在汉语语言中，在评判人的性格、品格、样貌和在判断事物的情况、性质时，偶尔会使用到词句否定的形式。例如，“生意不错”“为人不坏”“来之不易”“性情不佳”等，这比“生意很好”“为人厚道”“来得艰难”“心情郁闷”等。这种词语更具有“温度”，能够起到微妙缓和的作用。这种委婉的表达方式在商务英语中也被广泛使用，这样，提出的观点无论是积极的还是消极的，同意的还是反对的，赞扬的还是批评的，都会使之更有回旋的余地。尤其是在面对对方的要求时，如果直接拒绝，会使语气显得太过直接且生硬，很容易引起对方的不满，甚至反感，不利于保持和发展长期的业务关系。因此，用词句否定法，不仅表达的意思不会改变，更使语气听起来有礼貌，更容易被接受。下面来举个词句否定法使用的简单例子。

原文：近来生意如何？

译文：How is your business recently？

原文：不错，谢谢！

译文：Not bad，thanks.

（五）语气弱化法

粗鲁的直接否定、直接地对对方的观点提出硬性的要求，可能导致对方的不满或反感，甚至导致误解或冲突，直接影响商务谈判效果，也不利于商务合作的双方建立友谊和信任，甚至不能形成贸易伙伴，最终导致合作失败。所以，要注重使用各种方法弱化语气，营造平等协商的氛围。

1. 否定语气弱化法

弱化否定语气可以使语气不那么强硬、绝对，在商务谈判中为对方留下考虑回旋的余地。例如，在否定句前或后加上 please 或使用反义疑问句，可减少生硬程度，软化语气。下面来举几个例子。

①原文：恐怕我们无法满足你方要求，把价格降到那样的程度。

原译：We can't meet your request and reduce the price to that extent.

改译：I'm afraid we can't meet your request and reduce the price to that extent.（拒绝）

②原文：对于那家公司的财务状况，我们确实不太了解。

原译：We don't know that company's financial standing.

改译：We don't really know that company's financial standing.（资信调查）

2. 疑问语气弱化法

在商务谈判时，首先要了解对方的生产、设备、技术、产品、销售或信用信息等。在某些询问的环境下，尊重和礼貌的语气会给对方留下好的印象，反之唐突冒失的语气很可能会使谈判没有回旋余地。下面来举个例子。

原文：不过，如果可以的话，请问贵公司准备如何支付这些进口货物呢？

原译：But how are you going to pay for your imports？

改译：But how are you going to pay for your imports，if I may ask？（补偿贸易谈判）

3. 肯定语气弱化法

在商务谈判中表达主观意见或意见的过程中，通常可以采取“I hope”“I think”等表达方式，这样表达的意见或要求就不那么主观和武断了，同时所表达的意思也能清楚、清晰。下面来举几个例子。

①原文：依我看，我们的产品质量好，价格低，根据你们现有的销售能力，每年销售 2500 套没什么问题。

译　文：With your sales ability，our superior quality and low price，it's not so difficult for you to sell 2500 sets every year，I think.（促销）

②原文：希望贵方能允许我方在三年内以分期付款方式偿付你们的技术转让费用。

译文：I hope we are allowed to pay your transfered technology by installments within three years.

例子①中，由于在句末使用了“I think”，使得判断的语气不那么武断；例子②中，由于在句首使用了“I hope”，使得请求的语气更为明显，避免给对方以强加于人的感觉。

（六）变换句式法

在日常生活中，我们经常以疑问句的形式提出礼貌的建议或要求。下面来举几个例子。

①原文：现在已是三月，而样品尚未收到，望能告知原因。

译文：It's March now and the samples have not reached us yet. Would you explain why they have been delayed？

②原文：这次希望与你方当场做成这笔生意。

译文：How I wish to strike a quick deal with you this time！

③原文：要是贵公司能满足我们的要求就好了。

译文：If only you could meet our need.

英语委婉表达具有多样性、灵活性和广泛应用性，是吸引顾客、抢占商机、推销产品、开拓市场的有效方法。这是千百年来商人们都懂的道理，委婉用语是商务表达的重要组成部分，是商界竞争获取成功的重要手段。

参考文献

[1] 胡蝶 . 跨文化交际下的英汉翻译研究 [M]. 长春：东北师范大学出版社，2018.

[2] 康晋，常玉田 . 大学英汉翻译 [M]. 北京：对外经济贸易大学出版社，2015.

[3] 李冬鹏，李梓铭，关琳 . 英译汉基础教程 [M]. 北京：北京理工大学出版社，2018.

[4] 朱风云，谷亮 . 英汉文化与翻译探索 [M]. 北京：北京理工大学出版社，2017.

[5] 梅明玉 . 英汉语言对比分析与翻译 [M]. 杭州：浙江大学出版社，2017.

[6] 李建军，刘冰，苏涛 . 英汉互译技巧与艺术 [M]. 武汉：武汉大学出版社，2017.

[7] 李子娟 . 英汉翻译中处理文化差异的翻译策略 [J]. 英语广场，2018（11）：33-34.

[8] 黄丽凡 . 英汉思维差异对翻译的影响 [J]. 文教资料，2018（27）：41-42.

[9] 雷冬娟 . 英汉颜色词对比与翻译 [J]. 安徽文学（下半月），2018（09）：63-64.

[10] 张兰舒 . 跨文化交际视域下的英汉翻译 [J]. 农家参谋，2018（17）：163.

[11] 范园，帅嵩，马敖 . 英汉思维方式及语言结构差异对翻译过程的影响 [J]. 英语广场，2018（08）：61-62.

参考文献

[1] [illegible][M]. [illegible]师范大学出版社，2016.

[2] [illegible][M]. [illegible]对外经济贸易大学出版社，2015.

[3] [illegible]英语文化教程[M]. 北京：北京理工大学出版社，2018.

[4] [illegible]英汉文化与翻译探索[M]. [illegible]：北京理工大学出版社，2017.

[5] [illegible][M]. 杭州：浙江大学出版社，2015.

[6] [illegible][M]. [illegible]大学出版社，2017.

[7] [illegible]翻译中处理文化差异的策略[J]. 英语广场，2018(11)：13-24.

[8] [illegible][J]. [illegible]，2018(27)：41-42.

[9] [illegible][J]. [illegible]，2018(09)：[illegible]

[10] [illegible]

[11] [illegible][J]. [illegible]，2018(08)：61-62.